成就培训师梦想

龙凤铭 著

同濟大學出版社
TONGJI UNIVERSITY PRESS

内 容 提 要

随着知识经济时代的到来，大家都越来越意识到学习的重要性，因此学习力被称人和组织的第一核心竞争力，打造学习型组织和培养学习型人才已经成为一种趋势，而这种趋势需要培训技术来进行助力。

本书作者根据多年的培训实践经验积累和培训导师团队培养，潜心研究总结出了“卓越培训导师 CDPA 系统”，此系统从培训悟道（Comprehend）、课程开发（Design）、课程展示（Present）、课程保障（Assure）四个板块的十二种能力系统化地提升培训师的培训能力，内容环环相扣、步步递进、自成体系，为广大学习型企业和个人提供了培训技术的实施路径。对于企业，是一本帮您打造企业内部培训师团队、内部商学院的启蒙教材；对于个人，是一本帮您成为培训师/内训师/企业教练的实战宝典。

图书在版编目(CIP)数据

成就培训师梦想 / 龙凤铭著. —上海：同济大学出版社，2019. 12

ISBN 978-7-5608-8863-7

Ⅰ. ①成…　Ⅱ. ①龙…　Ⅲ. ①企业管理—职工培训　Ⅳ. ①F272.921

中国版本图书馆 CIP 数据核字(2019)第 262198 号

本书由同济大学“国家创新发展”交叉学科领域一流学科建设、同济大学经济与管理学院资助出版

成就培训师梦想

龙凤铭　著

责任编辑 陆克丽霞　**责任校对** 徐春莲　**封面设计** 陈益平

出版发行　同济大学出版社　www.tongjipress.com.cn
（地址：上海市四平路 1239 号　邮编：200092　电话：021-65985622）

经　　销　全国各地新华书店

排　　版　南京文脉图文设计制作有限公司

印　　刷　常熟市华顺印刷有限公司

开　　本　700 mm×1000 mm　1/16

印　　张　13

字　　数　260 000

版　　次　2019 年 12 月第 1 版　2019 年 12 月第 1 次印刷

书　　号　ISBN 978-7-5608-8863-7

定　　价　80. 00 元

前 言

随着知识经济时代的到来，人们越来越意识到学习的重要性，因此学习力被称为第一核心竞争力。建立学习型组织、完善公司培训体系、培养公司内部讲师已成为一种趋势，同时再借助外部培训机构的力量，内外结合，使企业健康、可持续发展。基于此，培训行业也越来越受重视，一支高质量的培训师队伍是必备的，这样才能更好地服务于客户单位，为其创造价值。“教育兴邦、教育正己”，从古至今都是亘古不变的道理，目前也受到国家层面的高度关注，详见《国务院关于推行终身职业技能培训制度的意见》(国发〔2018〕11 号)。所以，对于培训师而言，教育培训是值得我们去持续热爱并为之终生奋斗的事业。

既然教育培训受到企业和个人的重视，培训师就成了当今热门的职业。俗话说得好，“台上一分钟，台下十年功”，想要成为一名卓越的培训师并不是一件容易的事。在我刚入行时，我的老师就针对“商务谈判”这个大主题布置了几项重要的任务：第一，列出大主题下的四十个小主题，每个小主题研究一周，研究到针对这个小主题的所有知识点，学员可以提任何问题的程度；第二，再将每个小主题制作成 5～10 张 PPT，能扩充内容讲半小时左右；第三，上台讲课至少 30 次，直至自信满满、从容自如；第四，要有被学员“请”下讲台的思想准备(如授课不专业、不生动、答疑不力都有可能导致这种情况出现)。我针对自己的情况进行预估后发现，这样的安排于我个人的职业成长而言速度太慢，但是又不能急于求成，于是便和老师提出我要设计市场营销课程的想法，因为市场营销是我从事了十余年的工作，其中每一个小主题我都能做到胸有成竹，再加上平时在工作中我有记笔记的习惯，知识点搜集和课件整理都更为方便，而且因为是自己的优势领域，所以在讲台上也会更加熟悉和从容。老师同意了我的提议，于是，我为了更快、更好地将自己的营销知识和经验分享给需要帮助的人，把时间重点放在培训技术的研究和提升上，经过一段时间的经验积累及实践验证，研发了一套便于记忆和掌握的培训技术系统——卓越培训导师 CDPA 系统。

依靠这套系统，我的第一堂内训课和第一场公开课均获得了圆满成功。此书正是围绕卓越培训导师 CDPA 系统进行详细讲解，以便于大家能更快地站上讲台，实现培训师梦想。

卓越培训导师 CDPA 系统告诉我们，要想成为一名卓越的培训导师，必须掌握四大板块内容：第一大板块为培训悟道（Comprehend），第二大板块为课程开发（Design），第三大板块为课程展示（Present），第四大板块为课程保障（Assure）。在每一个板块的学习中都要用到 PDCA 控制过程。所谓 PDCA 循环是由美国质量管理专家休哈特博士首先提出的，后被戴明采纳并加以宣传，最终获得普及，所以 PDCA 循环又被称为戴明环。全面质量管理的思想基础和方法依据就是 PDCA 循环。PDCA 循环的含义是将质量管理分为四个阶段，即计划（Plan）、执行（Do）、检查（Check）、调整（Action）。在质量管理活动中，要求把各项工作按照做出计划、计划实施、检查实施效果来进行，然后将成功的纳入标准，不成功的留待下一循环去解决。这种工作方法是质量管理的基本方法，也是企业管理各项工作的一般规律。

我在研发 CDPA 系统时，针对每个板块都包含三种能力的修炼，培训悟道板块：自信力、自律力和自省力；课程开发板块：专业力、创新力和审美力；课程展示板块：形象力、演讲力和教学力；课程保障板块：互动力、控场力和问答力。一共十二种能力，每一种能力又包含多个知识点和技巧。

四个板块、十二种能力环环相扣、步步递进，从系统化的角度让我们真正成长为卓越的培训师或内训师。我本人也正是通过此过程成功转型成为一名培训师，且经我之手培养了一批又一批培训师。同时，CDPA系统已走进了多家知名企业，如顺丰速运、天合光能、上汽大众、欧派家居、中海地产等，帮助他们打造内训师团队。

本书的撰写正是以此系统为依托，希望帮助读者全方位地掌握培训技术，实现个人的培训师梦想；帮助企业建立学习型组织，为打造内训师团队和内部商学院奠定良好的基础。

此书的出版，承载了很多人的关注、期待、鼓励和支持。在此特别感谢同济大学经济与管理学院的资助；感谢同济大学出版社为本书的出版所做的工作；感谢恩师尤建新教授、叶明海教授给予我的专业性指导；感谢许洁老师、程学斌老师对学院资助事宜的促成所提供的帮助；感谢段烨老师所著的《培训师的21项技能修炼》给我的启发和帮助；感谢“EMN | ETC卓越导师100天成长营”的各位老师、学员们，因为此书的内容在你们身上得到了实际验证。所以，我决定把相关内容系统化地整理出来，去帮助更多的想要成为培训师的人成长。感谢正在阅读此书的您，您的关注与支持将鼓励我继续前行。知识永无止境、实践日新月异，希望本书能给拥有培训师梦想的人或其他有需要的人指明方向、给予帮助。在未来的路上，让我们一起携手共进、精益求精，共创教育培训事业的美好蓝天！

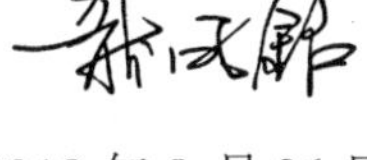

2019年9月26日

目 录

CONTENTS

第一部分

培训悟道 Comprehend

第1章　自信力的提升

自信是一个人的优秀品质之一，对于营销人员和培训师来说，尤其重要。营销人员缺乏自信，客户就不会相信你卖的产品或服务；同样，培训师缺乏自信，学员就不会认同你所传授的知识和技巧，所以自信力被称为培训师成长的第一种能力。

对于准培训师来说，怎样才能提升自信呢？

首先，要胸有成竹，对培训师的道（规律、原理等）、法（流程、步骤等）和术（方法、技巧等）了如指掌，这样才能做到自信而不自负，所以在本章中，我们要探讨的第一个内容即为“培训师成长之道”。本节从系统化的角度来讲解作为一个拥有培训师梦想的人如何去进行自我成长和提升。

其次，我们要懂得自我激励，在任何事情上想要有所建树都有个过程，而且在这个过程中必然会经历坎坷，再加上外界的诱惑、影响、质疑，甚至嘲笑，很容易就让人半途而废，所以才会有马云说的那句话：“今天很残酷，明天更残酷，后天很美好，但是大多数人死在明天晚上，看不到后天的太阳。”怎样才能不让自己半途而废呢？那就需要我们学会自我激励。同时，在本章中我还会跟大家分享一个实战的知识点“如何提升讲台自信”。

最后，自信力提升的关键还在于勤练习，往期有很多学员问我：“龙老师，我总是感觉自己不自信，怎么办？”我的回答是：“多学习，多练习，包治百病。"来吧,让我们进入下面的学习内容,一起去迎接"后天的太阳"。

1.1 培训师成长之道

在我们想做一件事之前,肯定要先弄明白四点:这件事是什么?为什么要做?该怎么做?做到什么程度才算好?因此,想成为培训师同样也要弄明白这四点,我们称之为"培训师成长之道"。

1.1.1 什么是培训

在成为培训师之前,我们先来看看什么是培训?对它的定义有很多,其中英国官方培训委员会给它的定义最受推崇:"通过正式的、有计划的或优质的方式,而不是一般监督、工作革新或经验,获得与工作要求相关的知识和技能的过程。"在中国,对培训的定义也非常多,其中有一个定义最全面、最详细、最符合本土文化,那就是:"帮助企业实现战略目标和提升员工个人竞争力的一种教育、培养方式。它包括有形的培训和无形的培训两种方式。有形的培训是指有固定的时间、地点和培训师的培训;无形的培训是指主管、骨干员工在平时工作中对下属、一般员工的指导和培养。"

1.1.2 培训哪些内容

一般来说,培训内容主要包括三大板块:第一板块为学术成果(Academic Achievement),是指学历教育类内容,在培训领域称为学历、资质类课程;第二板块为工作态度(Attitude),是指针对学员的工作态度、职业素养等进行提升的内容,在培训领域称为通用类课程;第三板块为相关能力(Ability),是指针对学员的某项工作能力的提升,比如营销管理、生产管理、项目管理、人力资源管理等内容,在培训领域称为专业类课程。对于这三大板块内容,我们称之为培训范围的"3A"。

1.1.3 什么是培训师

培训师是指根据市场发展状况和企业自身需要，运用相应的理念和手段，策划和实施培训项目，并从事培训咨询和教学活动的人员。培训师分为两大类：第一大类为企业内部培训师，我们常称为“内训师”，它包含两小类：第一小类为专职内部培训师，是指在企业内部专门负责培训、从事培训工作的人员，通常属于企业的人力资源部、行政部或培训部的一员；第二小类为兼职内部培训师，是指在企业内部有工作在做，但是为了企业发展的需要来分享知识或经验的人员，此类人员都是企业管理层或精英员工。第二大类为职业培训师，我们常称为“培训师”或“讲师”，它也包含三个小类，第一小类为自由培训师，是指专职讲课的人员，他们奔走于各个城市，自由分配自己的时间；第二小类为兼职培训师，是指有自己的事业或工作在做，同时也在市场上讲课的人员，讲课不是他们的主业，只是作为一个兼职；第三小类为机构合伙人，是指既是培训师，又是培训机构的合伙人之一的人员。无论是企业内部培训师还是职业培训师，他们都有一个共同点就是非常热爱分享、热爱培训。培训师类别如图1-1所示。

图 1-1　培训师类别

从某种意义来看，培训师也是教师，只不过教授的对象不同。唐代著名的文学家、思想家韩愈对教师的经典定义为：“师者，所以传道授业解惑也。”在培训领域，传道包括两方面，一是专业知识，这是基础，二是解决问题的原则、原理和指导思想；授业为给出解决问题的具体方法、技巧和工具，以确保培训效果；解惑为答疑解难，在课程分享过程中设置问题解答环节，从而帮助学员更好地吸收知识，学以致用。

培训师培训的对象为成人，所以会面对很多个性化的需求，需要集多重角色于一身。

第一重角色为传道者。作为传道者,必须乐于分享,不断地丰富自我,以达到为他人传道的使命。

第二重角色为领导者。培训师是团队的管理者,而且时刻在创造学习团体。

第三重角色为营销者。营销的精髓为“以客户需求为中心”,在培训中则要“以学员的学习需求为导向”,根据学员的需求进行课程设计,如此才能达到更好的培训效果。

第四重角色为专家。作为培训师,一定是某个领域的专家。他们既有理论高度,又有实战经验,并在授课的过程中能做到深入浅出、循循善诱。

第五重角色为践行者。王阳明先生提倡“知行合一”,培训师尤其需要如此,不仅要站在台前分享,还要跟大家一起践行。

第六重角色为促动者。何为促动?就是指促进行动。培训师要能带领学员一起成长,促进大家行动,从而做到学以致用。

1.1.4 怎样成长为一名培训师(培训师成长之道)

怎样才能成为一名培训师呢?卓越培训导师 CDPA 系统就可以解答这个问题,如图 1-2 所示。

图 1-2 卓越培训导师 CDPA 系统

"道"是指规律、规则、原理,即培训师成长的原理和规律,比如春夏秋冬是四季更替之道、一加一等于二是数学之道,CDPA 系统即是培训师成长之道。"道"之下才有"法"和"术",我们可以根据规律去摸索正确的流程、步骤、方法和技巧。其中,"法"就是流程和步骤,"术"就是方法和技巧,培训师的成长之法即为 CDPA 系统中四大板块的递进,培训师的成长之术即为十二种能力的修习和提升方法,详见图 1-3。

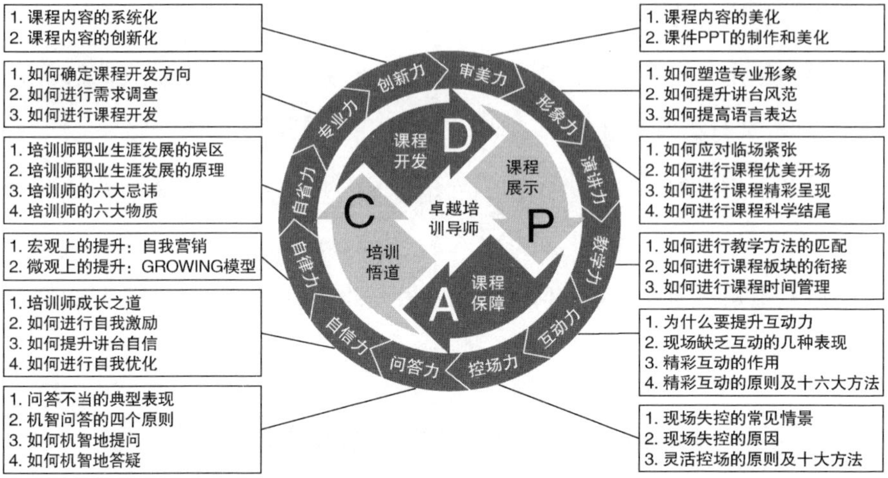

图 1-3 卓越培训导师 CDPA 系统中十二种能力的修习和提升

为什么要提"道"和"术"呢?因为老子说:"有道无术,术尚可求;有术无道,止于术。"意思是当我们通晓事物的规律,而暂时不知其中的方法或技巧不要紧,我们可以慢慢学习或从实践中去感悟;反之,当我们不通晓事物的规律,只知道一个或一些方法或技巧时,成功只是偶然的、暂时的。比如春种秋收是一种耕种之道,当农民知道了这种耕种之道后,春天播种种子,到了秋天会有收获,只是收获多少的不同而已,因为大家播种和维护的方法不一样。当然,随着年复一年的种植,农民的播种和维护方法越来越精进,收获越来越多,产量越来越高。若农民不懂春种秋收的耕种之道,而在冬天播种,显然秋天是不能收获的,在夏天播种也不行,只有在春天播种,在秋天才会有收获。这个时候,大家可能要问:"我们现在经常能吃到反季水果,那怎么解释呢?"这个其实很好理解,我们之所以能吃到反季水果,是因为大家种植的时候用了塑料大棚,大棚中的种植环境模仿的是春夏秋冬的气候,所以遵循的仍旧是春种秋收的耕种之道。

根据“道”和“术”这两个维度,把培训师的成长分成四个层次,分别是:无道无术(菜鸟培训师)、无道有术(普通培训师)、有道无术(潜力培训师)、有道有术(卓越培训师),如图 1-4 所示。

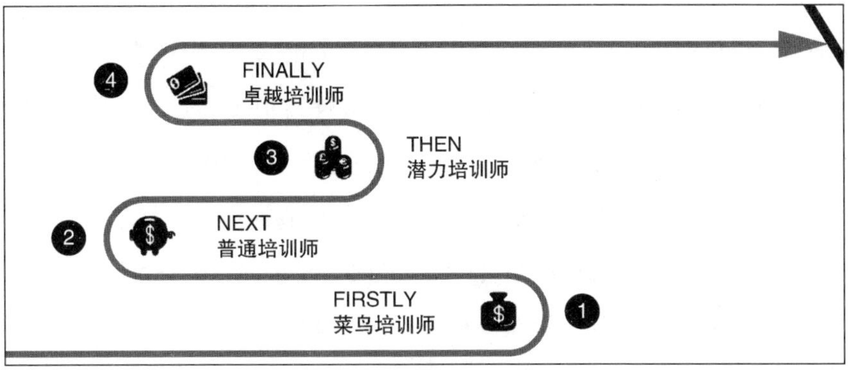

图 1-4　培训师成长过程

培训师的成长是一个厚积薄发、水滴石穿的过程。第一阶段,可能只是有成为培训师的想法,但是并不知道培训师的成长规律,也没有成长方法,所以称为菜鸟培训师;第二阶段,可能有一些方法,比如演讲的技巧、课件的制作等,但是并没有系统化的思维,也不了解成长规律,所以称为普通培训师;第三阶段,已经知道了培训师的成长规律,会根据规律去确立成长方向,探索成长方法,所以称为潜力培训师;第四阶段,既通晓培训师的成长规律,也掌握相应的方法和技巧,并且还在遵循规律的情况下不断精进方法和技巧,此时才能称为卓越培训师。

希望通过本节内容能让大家对培训、培训师、培训师成长之道有一个全方位的了解,在后续的章节中我将带领大家一起深度探索培训师成长的“道”和“术”,帮助大家成就培训师梦想。

为什么把培训师成长之道放在自信力培养的第一节内容,是为了让大家对培训师的成长做到“胸有成竹”,这样才能从容应对、循序渐进,而不至于心浮气躁、过度自卑或中途放弃。

1.2 如何进行自我激励

1.2.1 什么是自我激励

什么是激励？激励是指鼓舞人们做出抉择并付诸行动的方法。而自我激励，就是自己鼓舞自己做出抉择并付诸行动的方法。为什么要在自信力这一章节中介绍如何自我激励呢？是因为人性有很多弱点，生活有很多坎坷，这些都会时时阻挡我们前进的道路，特别是在培训师成长的道路上。

培训师的身份、地位、收入都相对较高，但是成长的过程并不轻松，因为它是一个厚积薄发、水滴石穿的过程。根据二八定律，80%的人为普通人，到60岁还靠工作维持生计或依靠他人度日；15%的人为成功的人，能够依靠自身的力量生活下去，并且过得比较美满；5%的人为登峰造极的人，能够财务自由，活得舒畅。究竟是什么导致了这些分层，最主要的原因之一就是人们的自我激励能力，那些排在前20%的人都很会激励自己、推销自己，特别是排在最前面的那5%的人，他们既懂得持续的自我激励，同时又有一定的专业技能，所以相对来说成功的概率就会大得多。

1.2.2 如何进行自我激励

早在十几年前，我碰到了人生旅途中的第一只“拦路虎”，那时因为家庭经济条件差，不到十八岁就不得不辍学南下打工。当时没有学历、没有经验的我只能找了一份流水线的工作，每天站立工作13个小时，双手还要泡在机油里，一段时间下来，脚也站肿了，手也泡烂了。当时，我的心情非常低落。其一，因为我的学习成绩非常好，在学校里也是佼佼者，突然的辍学对我打击很大；其二，第一次出远门，第一次离开父母，来到了遥远又陌生的城市自己生活。过了一段浑浑噩噩的日子后，我开始重新整理思路，告诉自己不能再这么下去了，一定要想办法改变自己的命运，打倒面前的这只“拦路虎”。于是，我开始了我人生中第一次非常正式、也非常重要的自我激励。大致过程是这样的：

第一步，给自己树立坚定的信念。我坚信通过自己的努力一定能改变自己的命运，一定能通过自己的双手改变家庭贫穷的现状。

第二步，告诉自己要保持积极的心态。我无法左右天气，但我可以改变心情；我无法控制他人，但我可以把握自己；我无法预知明天，但可以掌握今天；我无法样样顺心，但可以事事尽力。我应该感激上天给了我健全的四肢和敏捷的思维。于是，我又渐渐乐观开朗起来。

第三步，开始寻找自己的长处或优势。虽然没有学历、没有经验，但是我有没有其他长处或优势去发展自己的职业呢？通过寻找，我发现自己亲和力很强，很适合跟人打交道，我开始有意识地思考什么岗位需要亲和力，最后发现销售岗位最需要。

第四步，给自己确定适合的目标。我要换一份工作，明确地说要换一份与销售相关的工作。销售工作对学历要求不高，但是对如何与人打交道的要求却很高，这符合我自己的优势。

第五步，在确定了目标的基础上制订成长计划。我开始有意识地自学并物色工作机会。功夫不负有心人，通过校友的介绍我进了一家台资企业的销售部门，先从前台接待开始，通过努力逐步晋升到业务助理、业务代表，实现了我人生第一次的成功蜕变。这个时候我发现，再想晋升，自己的学历是个硬伤，于是便给自己制定了严格的自学成长计划。

第六步，不折不扣地执行自己的计划。每天都保证一定的时间去学习，我每年参加的考试至少有四场，截止到前几年，终于完成了自己的本科、研究生以及海外哈佛、耶鲁、西点游学的求学历程。

第七步，对于自己每一个节点的成果进行奖励。在每一次克服困难或完成阶段小目标后，我都会适时奖励自己去做自己想做的事情，比如逛街购物、看电影等。虽然只是小小的一个奖励，但是起到了很大的激励作用，让我每一步成长都很快乐。

第八步，时刻借助外力的激励。随着自己学历的一步步提高，工作经验的一点点积累,工作上也有了一些成绩:职业经理生涯做到了副总、创业生涯小有所成、教学生涯硕果累累,与此同时,我对自己的要求也越来越高。当我看着别人上网、打牌、打游戏、旅游享受生活,自己面前却是一堆工作任务和学习任务时,或受到工作打击和挫折时,很多时候都有点支撑不住,想要偷懒或放弃。这时,我就会去看励志书籍、看名人传记,向正能量的人学习。当看着熙熙攘攘为生活拼搏的人们时,当看着马云、俞敏洪经历三次高考才考上大学时,当看着尼克·胡哲四肢全无却自力更生掌握了很多生活技巧并成为励志演讲大师时,自己浑身又充满了力量,同时对自己的消极感到汗颜。尼克·胡哲老师的一句话对我触动很大,“这个世界上根本不存在‘不会做’这回事,当你失去所有依靠的时候,自然就什么都会了”。没错,当我们失去任何依赖时,我们将变得无所不能。

这就是我自己的自我激励案例,通过上述八个步骤,循环上升,达到了持续自我激励的效果。培训师成长的路上,大家肯定也会碰到很多“拦路虎”,我们要通过自我激励去打倒它们,相信大家一定能办到。

1.3 如何提升讲台自信

1.3.1 步步高升法

(1) 登台前,深呼吸放松下来;

(2) 想象一下,在自己所在的位置(起点)和讲台中心位置(终点)之间划着一条直线;

(3) 每向前踏一步,当脚放下时,想象自己长高了一些。反复做几次,直到每踏出一步,内心便有长高的感觉为止。如果没有长高的感觉,退后一步,重新开始;

(4) 最终到达讲台中心位置(终点)时长到最高,开始自信满满地讲课。

(备注:平时反复练习,每步迈出时都要有自己长高的感觉。)

1.3.2 身心合一法

（1）闭上眼睛，想象你正神采飞扬讲课的场景，把它放在你脑中画面的右上方，而且你已经看到这种画面，感受到这个画面，越清晰越好；

（2）带着这种美好的感觉，继续想象：你在课堂上神采飞扬地讲课，台下的学员听得聚精会神，这让你很有成就感；

（3）停留在这个极佳的状态，连续打三下响指，嘴里同时说三声“Yes、Yes、Yes”加以确认；

（4）确认过后上台自信满满地开始讲课。

（备注：这个方法简单又好用，平时有空就多练习，你的自信心会得到大幅提升。）

1.3.3 资格确认法

登台授课前在心里默默对自己说：“我有资格，我有资格登台讲课，我的资历完全足够，我有着 *N* 年的××领域实战经验，我的分享很有价值，我的课程一定会帮助到学员们。”

（备注：这个方法用以增强我们的资格感，大家平时抽空就多练习，真正登台授课时就能水到渠成。）

以上这些增强讲台自信的方法，是我在周子淳老师所著的书中学到的，经过自己的亲身试验发现果然都很有效，希望大家平时也能勤加练习，一定会变得越来越自信满满。

1.4 如何进行自我优化

1.4.1 如何知道自己的培训师风格

我们在接受培训的过程中发现，每一名培训师都有自己的风格，或是认真严谨，或是温文尔雅，或是激情澎湃，或是儒雅浪漫，或是专业深厚，或是思考周全，或是幽默风趣，或是威严自信，或是温和谦让，等等，这些风格从何而来呢？大部分是从性格而来，急性子的人在授课时往往激情澎湃，慢性子的人在授课时往往温文尔雅，没有好坏之分，只是各有优劣，它是人的一种性格特征。

我们如何知道自己的培训师风格，途径之一就是了解自己的性格特征，一般来说，比较受大众认可的有如下几种方式。

1. DISC 分析法

DISC 这个理论是一种“人类行为语言”，其基础为美国心理学家威廉·莫尔顿·马斯顿博士(Dr. William Moulton Marston)在 1928 年出版的著作《常人的情绪》(*Emotions of Normal People*)。马斯顿博士是研究人类行为学的著名学者，他的研究方向有别于弗洛伊德和荣格所专注的人类异常行为，DISC 研究的是由内而外的人类正常的情绪反应。马斯顿博士之后的学者进一步将这个理论发展为测评，也就是大家所熟知的 DISC 测评。DISC 个性测评从四个维度特质对个体进行描绘，如图 1-5 所示。

2. PDP 分析法

PDP 的全称是 Professional Dyna-metric Programs(行为特质动态衡量系统)，它是一个用来衡量个人的行为特质、活力、动能、压力、精力及能量变动情况的系统。PDP 根据人的天生特质，将人群分为五种类型：支配型、外向型、耐心型、精确型、整合型。为了将这五种类型的个性特质形象化，故根据其各自的特点，这五类人群又分别被称为“老虎”“孔雀”“考拉”“猫头鹰”和“变色龙”。PDP 五型特质如图 1-6 所示。

3. FPA 性格色彩分析法

FPA(Four-colours Personality Analysis)性格色彩学是实用心理学的一门分科，其创始人是乐嘉。它给了人们一个简单易行的工具，使每个人都可以迅速掌握并将它运用于实践。FPA 主要将人的性格分为红色、蓝色、黄色、绿色四种，四色性格简析如图 1-7 所示。

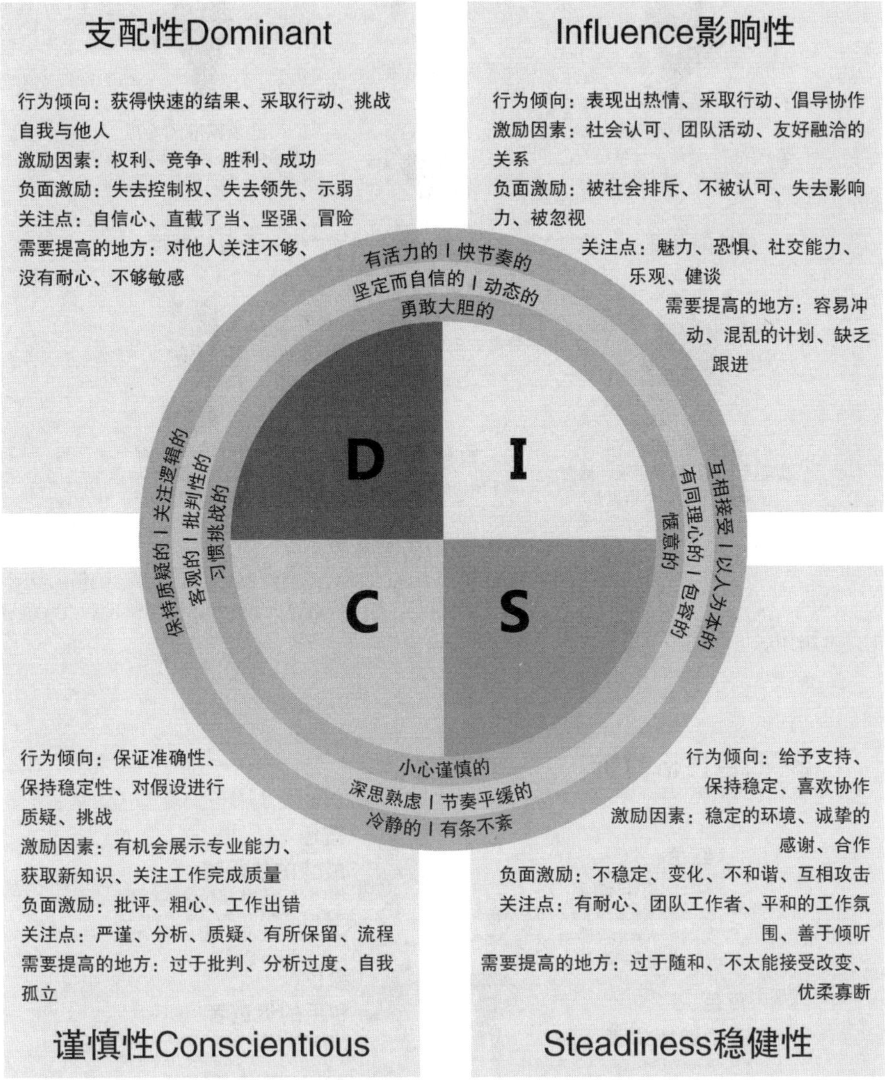

图 1-5　DISC 个性测评

（图片来源：https://gss0.bdstatic.com/94o3dSag_xI4khGkpoWK1HF6hhy/baike/c0%3Dbaike150%2C5%2C5%2C150%2C50/sign=7071fd384234970a537e187df4a3baad/50da81cb39dbb6fd8ac4d0310a24ab18972b370d.jpg.）

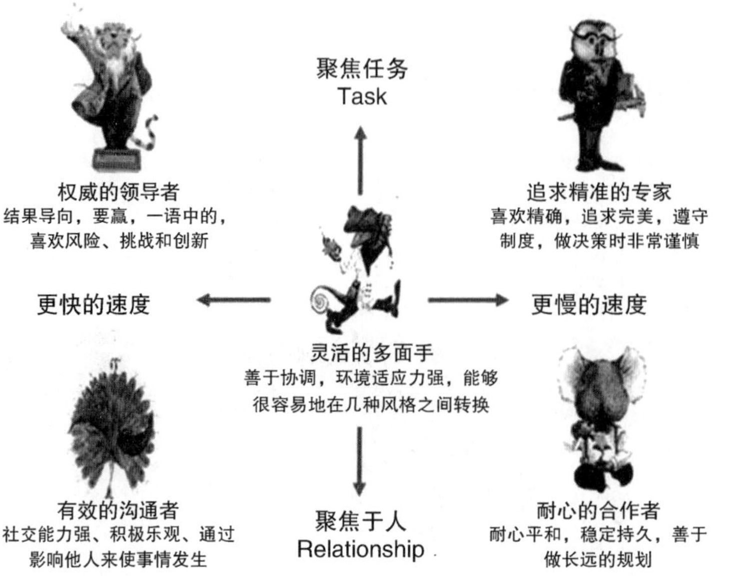

图 1-6　PDP 五型特质

(图片来源：https：//gss0.bdstatic.com/94o3dSag_xI4khGkpoWK1HF6hhy/baike/c0%3Dbaike92%2C5%2C5%2C92%2C30/sign=6ce768e434a85edfee81f671283d6246/1f178a82b9014a9026d54709a9773912b21bee9f.jpg.)

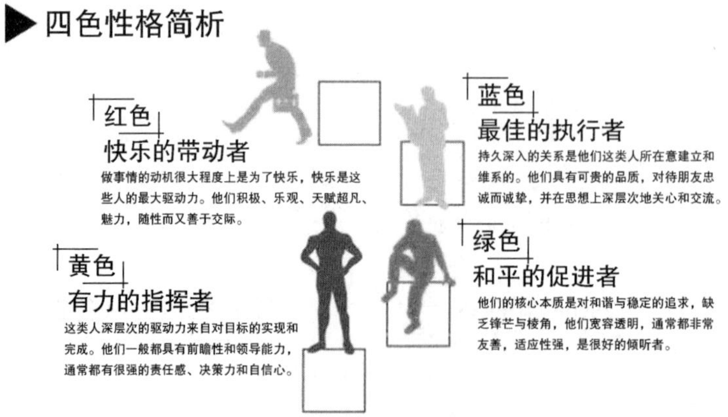

图 1-7　FPA 四色性格简析

(图片来源 https：//www.mianfeiwendang.com/doc/379fc324a6027ebad2d87a9c9f02cfeccbe54e45/4.)

4. 九型人格分析法

九型人格(Enneagram),又名性格形态学、九种性格,是婴儿时期人身上的九种气质,包括:活跃程度、规律性、主动性、适应性、感兴趣的范围、反应的强度、心理素质、分心程度、专注力范围/持久性。它是近年来备受美国斯坦福等国际著名大学的 MBA 学员推崇并成为现今最热门的课程之一,近十几年来已风行欧美学术界及工商界。全球 500 强企业的管理层均有研习九型人格,并以此培训员工,建立团队,提高执行力。

海伦·帕尔默在他的《九型人格》一书中认为,九型人格是一种深层次了解人的方法和学问,它按照人们的思维、情绪和行为,将人分为九种:完美主义者、给予者、实干者、悲情浪漫者、观察者、怀疑论者、享乐主义者、保护者、调停者。我们每个人都是独一无二的个体。九型人格所描述的九种人格类型,并没有好坏之别,只不过不同类型的人回应世界的不同方式之间具有可被辨识的根本差异。九型人格如图 1-8 所示。

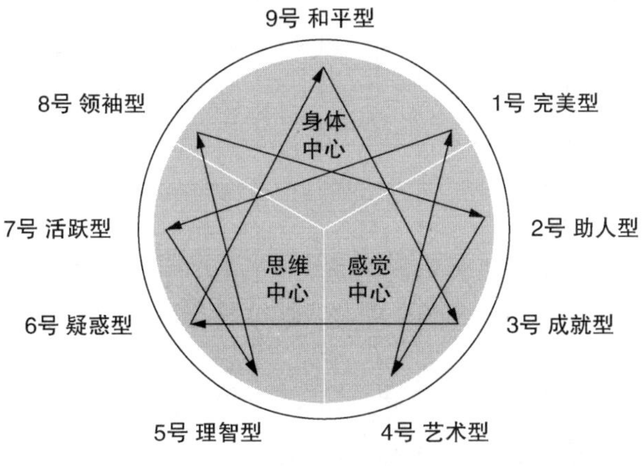

图 1-8　九型人格

(图片来源:https://image.so.com/view? q = %E4%B9%9D%E5%9E%8B%E4%BA%BA%E6%A0%BC%E5%9B%BE%E7%89%87&src = srp&correct = %E4%B9%9D%E5%9E%8B%E4%BA%BA%E6%A0%BC%E5%9B%BE%E7%89%87&ancestor = list&cmsid = 32252f1063537bde35437191fbfebb07&cmras = 0&cn = 0&gn = 0&kn = 50&fsn = 130&adstar = 0&clw = 265 # id = b69d2e8c6d96d714dbda193800973263&currsn = 0&ps = 87&pc = 87.)

九型人格的九种性格简要对比如表 1-1 所列。

表 1-1　九型人格九种性格简要对比*

类型	完美型（完美主义者）	助人型（给予者）	成就型（实干者）	艺术型（悲情浪漫者）	理智型（观察者）	疑惑型（怀疑论者）	活跃型（享乐主义者）	领袖型（保护者）	和平型（调停者）
自我形象	我是好人 我是对的	我会助人 我可以给	我很成功 我很能干	我很特别 我很敏感	我有智慧 我有知识	我很忠信 我很负责	我很可爱 我有能力	我有势力 我有能力	我很稳固 我不善变
陷阱	完美主义	服务	成功有效	真实	囤积	安全守法	理想主义	公平正义	屈尊
逃避	愤怒	需要	失败	平凡	空虚	越轨	痛苦	柔弱	冲突
防卫机制	对情境做出本能反应	抑制自己的需要	认同一个角色	艺术的升华	划清界限、分清你我	投射	升华	否认自己的弱点	麻醉自己
偏情	愤怒	骄傲	欺骗	嫉妒	吝啬	害怕	放纵	傲慢	懒惰
时间观念	被时间操纵	与人接触的机会	时间是可以利用的	以感受强度来衡量	观看时间走过去	时间是老板	时间常常是充裕的	操纵时间	像节拍器一样规律
象征动物	小狗	小猫	孔雀	猎狗	狐狸	兔子	猴子	犀牛	大象
象征动物的意义	先咬后吠、闯动不止、没安全感	喜欢抚摸人，满意后走开	炫耀自己引人注意	耳目下垂、摇尾乞怜、讨好主人	提高警觉只是为了捕食腐肉	敏捷，但一受惊，马上逃进洞	吵闹而好奇，生命充满活力	短视、肤浅，遇到事情先冲再说	笨重、懒散，践踏自己的食物
错误趋向	→4	→8	→9	→2	→7	→3	→1	→5	→6
健康趋向	→7	→4	→6	→1	→8	→9	→5	→2	→3

（续表）

类型	完美型（完美主义者）	助人型（给予者）	成就型（实干者）	艺术型（悲情浪漫者）	理智型（观察者）	疑惑型（怀疑论者）	活跃型（享乐主义者）	领袖型（保护者）	和平型（调停者）
从陷阱	完美主义	服务	成功有效	真实	囤积	安全守法	理想主义	公平正义	屈尊
圣善思想	成长	圣宠	承行主旨	与主共融	顺从天命	依靠上主	共同创造	悲悯之心	无条件的爱
德行	沉着安详	谦逊礼让	真诚	平静镇定	超脱	勇气	清醒	天真	勤勉
新的象征动物	蚂蚁	爱尔兰犬	秃鹰	黑马	猫头鹰	鹿	蝴蝶	老虎	海豚
象征意义	勤奋合作有组织，沟通只为达成共识	外貌吸引人，对人热情忠诚	外观独特，飞姿优美，对朋友忠信不操纵	黑色但有光泽，自由飞跃，步调多变	接受讯息敏捷而正确，不轻举妄动	警觉，在困境中求生存的能力很强	生命破茧而出，之后美而轻盈，传播花粉	美丽而强壮，潜藏威力，适应力强	两栖动物，学习力强，和平使者，悠游自在
代表颜色	银色	红色	浅黄色	浅紫色	浅蓝色	灰褐色	绿色	黑，白色	金黄色
颜色象征意义	色泽清晰反应阳光	温暖热情有时不明显	无论何时清晰可见	轻描淡写优美轻巧	深沉凝重难被了解	与任何颜色皆协调	充满活力生气蓬勃	极端色彩非黑即白	温和宁静高贵稀罕
主要的天赋才能	诚实忠信、善于分辨、觉察，是研究者、改革者	体察人心、善于聆听、富同情心、热情好客	组织力强、易于共识，可作公关催化员、推销员、司机	敏感性高、善于聆听、有创造力、有艺术感、富同情心	善做结论，适作会议主席或催化员	忠信负责、细心慎重、有亲切感和正义感	乐观积极、正直忠信、纯朴天真、制造乐趣轻松气氛	危机中能担负领导责任，喜挑战性任务，不平则鸣	善于聆听，可作调解人、和事佬、和平使者

＊资料来源：http://www.cnqczx.com/News/6970151539.html.

通过九型人格测试题,每个人都可以找到属于自己的性格号码,不同的号码对应的性格特征如表 1-2 所列。

表 1-2 九型人格九种性格特征

九种性格	欲望	恐惧	内向/外向	能量	眼神
1 号完美型	完美	错误	偏内向	中	犀利
2 号助人型	助人	不被人需要	偏外向	中	友爱
3 号成就型	成功	失败	偏外向	高	自信
4 号浪漫型	浪漫	平凡	偏内向	低	忧郁
5 号思想型	知识	无知	偏内向	低	木讷
6 号忠诚型	安全	危险	偏内向	中	焦虑
7 号活跃型	快乐	痛苦	偏外向	高	搞怪
8 号领袖型	权力	失控	偏外向	高	威严
9 号和平型	和平	冲突	偏内向	低	散光

(资料来源:九型人格培训导师汪洋老师的课件。)

我们可以根据九种性格的不同特征将其分为三个区域:情感智慧区、思想智慧区、本能智慧区。

(1) 2 - 3 - 4 情感智慧区

位于情感智慧区的人属于生活中感性的一群人,他们注重感觉、感受、情感、关系等。比如 2 号助人型,这类人能够转移自己的感情,改变自己来迎合他人,感觉要成为他人理想中的自己。3 号成就型,这类人为了达到完成工作的目的,能够像变色龙一样改变自己的个性和形象,其关注点总是放在工作或者他人对工作的反应上。4 号浪漫型,这类人能够适应他人的情绪波动,感知他人的痛苦,与他人产生情感上的共鸣,对于 4 号浪漫型性格的人来说,哪怕家人、爱人和朋友不在身边,他们也能走入对方的情感世界里。

(2) 5 - 6 - 7 思想智慧区

位于思想智慧区的人属于生活中理性的一群人,他们注重数据、逻辑、分析、证据等,不太会相信感觉。比如 5 号思想型,这类人能够把注意力从思维和感觉上分离出来,成为客观的观察者;能够通过精神去感知,而不受到个人思维和情绪的影响。6号忠诚型,这类人能够看到潜藏在表面现象下没有表明的意图,把想象力作为发现隐秘观点的工具。7号活跃型,这类人能够从看似毫无关系的事物中找到关联性。他们能够心里想着一个问题,手头却做着其他事情。而且在这种情况下不但不会互相干扰,甚至可以从其他事情中找到解决原有问题的灵感。

(3) 8-9-1 本能智慧区

位于本能智慧区的人属于咱们生活中既不感性也不理性的一群人,他们直来直往,凭直觉办事。比如8号领袖型,这类人会感到自己的身体被扩大,想"占据整个空间",平时说话不太考虑别人的感受,想到什么就说什么。他们能够感受到环境和他人的力量与特质。经过训练后能够感受到更多类型的信息。9号和平型,这类人能通过自己来感受他人。就像镜子一样,能够把对方的影像反映出来,把自己变成对方的复制品。在交流的过程中,拥有9号性格的人会本能地融入他人的观点中。1号完美型,这类人能够在普通中看到完美的可能性。对于处理不当或不正确的地方极其敏感,因为这样的错误会破坏"原本可以非常完美"的印象。这类人说话也非常直,认"理"不认人。

1.4.2 我们自身属于哪种培训师风格

我们可以通过性格测试来了解自己的性格特征,而上节中介绍的四种方法均有相应的测试题,在本书中,我推荐大家用九型人格分析法来进行性格测试。以下是九型人格的简易测试,它能帮助我们在较短时间内初步判断自己属于九型人格中的哪一种。

(1) 请认真阅读108个陈述(详见附录A)。

(2) 在你认为符合的陈述前面打"√"。

(3) 请在15分钟内凭第一直觉勾选完成,最多不要超过20分钟。

(4) 做完所有勾选后,请根据标题项填统计表(详见附录A中的表A-1),并把表A-1中按所对应数字记号进行勾选的数量做统计,比如记号

"1"后面共有3处勾选,记号"2"后面有共有8处勾选,记号"3"后面共有1处勾选,记号"4"后面共有5处勾选,等等。

(5) 根据统计结果,拥有最多数量的记号数字很可能就是你的类型号码。

需要说明的是,这个结果只是一个仅供参考的结论,更精准的判断还需要根据自己日常生活中的言行举止以及内心深处真正的声音来判断。

1.4.3 我们如何优化自身的培训师风格

从九型人格分析中我们可以看出,每一种性格的人其价值观和世界观都不一样,行为特征不一样,个人喜好也不一样,所以就会形成不同的培训师风格,而每种风格各有优劣,我们要对自己的风格了然于心并定向优化,详见表1-3。

表1-3 九种类型的培训师风格和优化方向

九型人格	培训师风格		优化方向	最佳拍档
	优势	劣势		
1号完美型	1. 认真严谨; 2. 专业性强; 3. 公平正直; 4. 形象稳重	1. 过于严肃; 2. 批判思维; 3. 纠结小处; 4. 不苟言笑	1. 提升亲和力; 2. 增强包容心; 3. 提升大局观	2号助人型、3号成就型、9号和平型
2号助人型	1. 亲和力强; 2. 平易近人; 3. 温文尔雅; 4. 乐于助人	1. 威严不够; 2. 原则性弱; 3. 感情用事; 4. 大包大揽	1. 提升威严; 2. 学会拒绝; 3. 别太感情用事	5号思想型、8号领袖型、4号浪漫型
3号成就型	1. 激情澎湃; 2. 注重效率; 3. 形象突出; 4. 思维活跃	1. 小动作多; 2. 过于活跃; 3. 爱憎分明; 4. 逻辑性弱	1. 提升稳重度; 2. 提升逻辑性; 3. 公正看待每个人	2号助人型、5号思想型、6号忠诚型
4号浪漫型	1. 儒雅浪漫; 2. 举止优雅; 3. 声音柔和; 4. 节奏舒适	1. 较情绪化; 2. 容易神游; 3. 气氛较沉; 4. 有点忧郁	1. 提升乐观思维; 2. 加强与人互动; 3. 控制情绪	2号助人型、3号成就型、7号活跃型

（续表）

九型人格	培训师风格		优化方向	最佳拍档
	优势	劣势		
5号思想型	1. 专业深厚； 2. 逻辑性强； 3. 形象稳重； 4. 思维缜密	1. 亲和力弱； 2. 被动性强； 3. 感情淡漠； 4. 气氛较沉	1. 提升亲和力； 2. 加强与人互动； 3. 提升主动性	2号助人型、3号成就型、8号领袖型
6号忠诚型	1. 思考周全； 2. 注重流程； 3. 性格沉稳； 4. 温和谦逊	1. 决策较慢； 2. 过于思危； 3. 自信不足； 4. 威严不够	1. 提升自信力； 2. 树立威严感； 3. 加强决策力	3号成就型、5号思想型、8号领袖型
7号活跃型	1. 幽默风趣； 2. 气氛热烈； 3. 见多识广； 4. 互动性强	1. 缺乏稳重； 2. 随心所欲； 3. 多才不精； 4. 专业欠佳	1. 提升稳重度； 2. 增强专业性； 3. 注重章法	5号思想型、6号忠诚型、1号完美型
8号领袖型	1. 威严自信； 2. 实战丰富； 3. 专业性强； 4. 自带控场	1. 霸气过盛； 2. 不听他言； 3. 控制欲强； 4. 压迫感大	1. 提升亲和力； 2. 增强包容心； 3. 鼓励他人言	2号助人型、4号浪漫型、9号和平型
9号和平型	1. 温和谦让； 2. 笑容可掬； 3. 气氛和谐； 4. 亲和力强	1. 威严不够； 2. 原则性弱； 3. 过于让步； 4. 行事拖沓	1. 提升威严； 2. 学会坚持己见： 3. 提升执行力	3号成就型、1号完美型、8号领袖型

每种培训师风格都有它独特的魅力，每类培训师都有他忠实的学员粉丝，究竟哪种风格最合适并不取决于我们自身，而取决于我们面对的学员他们喜欢哪种风格，所以我们必须清楚地知道自己是哪种风格的培训师，并且根据不同学员的喜好去调整和优化自己的风格。根据表1-3，你找到自己属于哪种培训师风格了吗？知道找什么类型的人来做您的拍档或好友了吗？明白如果您的学员喜欢哪种风格时，自己该向哪种类型的培训师学习了吗？如果对此你已经有了一点感觉，我会非常开心，希望能够帮助大家在成为合格培训师的道路上越走越远、越飞越高。

第 2 章 自律力的提升

自律是指自我约束，与他律（指接受他人约束）相对。所谓“律”，即约束。约束，现常称“监督”。因此，自律又称自我约束或自我监督或自我管理。

培训师作为师者的一类，自我管理很重要，为人师表也很重要。作为准培训师，我们需要通过自我管理和自我监督使自己成为学员心目中的“师长”。所以，自律力被称为培训师成长的第二种能力。

对于准培训师来说，怎么样才能提升自律力呢？

我们从宏观和微观两个角度来看：宏观上，我们要懂得“营销自我”，即要有个人品牌的定位，要做个人品牌的提升，要对个人品牌进行宣传，最终才能成功打造自己的个人品牌。所以本章 2.1 节的内容即为“宏观上的提升方法：自我营销”。微观上，我们要懂得制定目标、分析自我现状、制定成长方案、执行并监督成长方案、持续培养兴趣、坚持记录过程，最终实现自己心目中的“巨人梦”，我把它称为“GROWING 模型”。所以本章 2.2 节的内容即为“微观上的提升方法：GROWING 模型”。

希望通过“自我营销”和“GROWING 模型”能够帮助大家全方位地增强自律力，有助于培训师梦想的实现。

2.1 宏观上的提升方法：自我营销

2.1.1 什么是自我营销

自我营销是指以自身个体为出发点，在个人成长过程中，完成自我定位、设计发展规划、形成核心竞争力，最终建立个人品牌，从而实现自己价值的一种营销方式。自我营销的目标就是塑造出一个有核心竞争力、有正能量、有独特社会需求的自己。

2.1.2 如何进行自我营销

自我营销共分为四步骤：第一步为个人品牌定位，第二步为个人品牌提升，第三步为个人品牌宣传，第四步为个人品牌实现，如图 2-1 所示。

图 2-1　自我营销四步骤

下面结合一个案例来给大家介绍一下自我营销的四步骤是如何实际操作的。这个案例中的主人公就是三国时期的诸葛亮。诸葛亮是从古至今最让人称颂的职业经理人，他一生服务于蜀汉，从军师到丞相。他之所以能够取得如此大的成就，其中一个重要的原因就是他非常懂得“自我营销”。

我们先看自我营销的第一步“个人品牌定位”，诸葛亮是怎么做的呢？诸葛亮自比“管仲、乐毅”，这就是个人品牌定位。管仲治齐辅助齐桓公称霸，位及丞相；乐毅辅佐燕昭王振兴燕国，报了强齐伐燕之仇，位及大将。由此可以看出，诸葛亮的个人品牌定位为“出将入相”。这也是诸葛亮投奔刘备的原因之一，因为只有通过刘备这个“创业型的平台”才有可能实现他的个人品牌定位。对于拥有培训师梦想的我们而言，也可以给自己一个定位，那就是成为一名卓越的培训师或内训师。

自我营销的第二步,即"个人品牌提升"。第二步是服务于第一步的,在明确自己的个人品牌定位后,一定要强化个人品牌的"内功修炼",而"内功修炼"来自"学习力"的提高。学习可以分为书本学习和实践学习,如果个人品牌定位为某个领域的专家,则需精读此领域的书籍,并将书中所悟与自己的实际工作相结合以达到实践学习的目的。"学习力"被称为第一竞争力,由此可见它在个人品牌建立中拥有举足轻重的地位。诸葛亮是通过两个途径来进行个人品牌提升的:一方面饱读诗书,他精通天文地理,擅长吟诗作赋,学富五车,博古通今;另一方面周游列国,他最大的爱好就是出去云游,而云游的目的并不仅仅是领略大好河山,而是为了观察各地的地容地貌、了解风土人情以及每个地方当权人物的性格特征、处事作风。他从这两方面来增强自己的阅历以及军事谋略。对于拥有培训师梦想的我们而言,也要学习诸葛亮,通过不断地阅读、写作、分享等来提升自我的学习能力,从而提升个人品牌。

一个人的能力如果不被别人知晓,那么也是很难完全施展的,所以才会有自我营销的第三步"个人品牌宣传"。刘备三顾茅庐之前是从两处得知诸葛亮这个人的:一处是水镜先生向刘备推荐贤能,说"卧龙、凤雏,得一可安天下";另一处则是徐庶回马荐诸葛,徐庶在离开刘备之时向刘备推荐了诸葛亮。由此可见诸葛亮美名在外。另外,刘备在一顾茅庐时听到樵夫在唱诸葛亮所作《梁父吟》,可见诸葛亮很注重个人品牌宣传。这给我们的启发是,一定要通过线上线下,时常把自己的文章、动态、见解等传播出去,这样会起到很好的宣传作用。对于文字功底尚可的人,还可以自己写书,这样的宣传效果将更佳。

自我营销的最后一步是"个人品牌实现"。如何更好地实现个人品牌,就要在寻求自我定位和建立"个人品牌"的过程中同时做好职业生涯规划。职业生涯规划是指个人或组织把个人发展与组织发展相结合,对决定职业生涯的个人因素、组织因素和社会因素等进行分析,制定个人在事业发展上的战略设想与计划安排。在良好的职业规划过程中,保持清晰的个人品牌定位,是塑造成功人生的基础。诸葛亮的"隆中对"即是职业规划,他找到了刘备这个平台，并在刘备三顾茅庐时向他详细介绍了“隆中对”，由于个人目标与组织目标高度契合，于是双方一拍即合，成就了千古传奇。所以，想要成为培训师，我们也要制定适合自己的职业规划。首先，职业规划要符合自身的背景和现状；其次，找到适合自己成长的平台，哪怕是线上平台。如此才能更快地实现自己的个人品牌。

以上通过分析诸葛亮的成功案例来跟大家分享什么叫自我营销。我们一起来回顾和总结一下，自我营销的四步骤：第一步“个人品牌定位”，即我想成为一个什么样的人（培训师或内训师）；第二步“个人品牌提升”，即我要怎样提升自己的培训能力；第三步“个人品牌宣传”，即我要如何进行个人品牌宣传；第四步“个人品牌实现”，即我要如何实现自己的个人品牌。

以上就是我们从宏观上进行自律力提升的方法——自我营销，希望大家从此刻开始都能做好自我营销，达到营销自我的目的，促使自我更快地成长。

2.2 微观上的提升方法：GROWING 模型

当我们知道了如何从宏观上提升自律力之后，仅仅是有了一个系统化的方向和思路，要想让这些方向和思路能够落地并付诸行动，我们还必须学会微观上的提升方法——GROWING 模型。

2.2.1 GROWING 模型的特点

GROWING 模型是我自创的一个模型，如图 2-2 所示，此模型有三个特点：

(1) 容易记忆。GROWING 的意思是持续成长，用“GROWING”来概括这个模型，就是告诉大家要有持续成长的心态、毅力和行动。

(2) 步步递进。“GROWING”的七个字母代表七个步骤，每个步骤之间的关系是层层递进。

(3) “GROWING 模型”与“自我营销”相辅相成、环环相扣。“G 步骤”

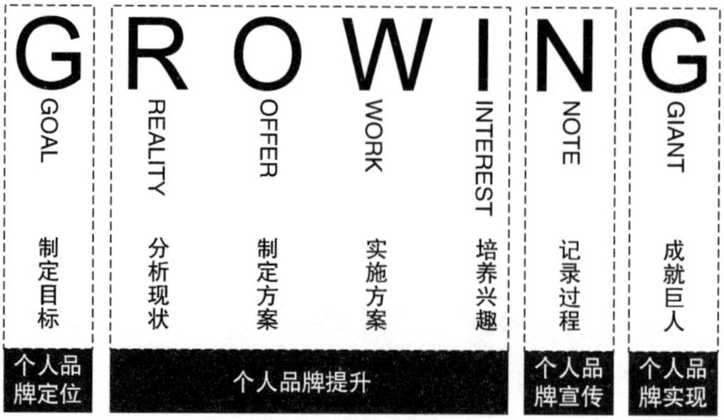

图 2-2 GROWING 模型

对应自我营销的第一步“个人品牌定位”,“ROWI 四步骤”对应自我营销的第二步“个人品牌提升”,“N 步骤”对应自我营销的第三步“个人品牌宣传”,“G 步骤”对应自我营销的第四步“个人品牌实现”。

2.2.2 GROWING 模型的七步骤

GROWING 模型包含七个步骤:目标制定(GOAL)、分析现状(REALITY)、制定方案(OFFER)、实施方案(WORK)、培养兴趣(INTEREST)、记录过程(NOTE)和成就巨人(GIANT)。

(1) 制定目标(GOAL)

想要成为一名优秀的培训师,我们首先要制定目标。然而,在制定目标之前,我们要清楚自己是将培训师定位为一门技能,还是将培训师定位为一种职业,或是将成为培训师定位为一个爱好,当然最好的结果是三位合一。其次,目标制定时要符合 SMART 原则,如图 2-3 所示。所谓 SMART 原则,即目标必须是具体的,必须是可以衡量的,必须是可以实现的,必须和其他目标具有相关性,必须是有期限的。

假设我们制定的目标为我要成为一名卓越的培训师,但这其实只是一个定位,真正的制定目标应该是这样的:我通过一年时间成长为人力资源领域的一名培训师。这个目标就非常具体,也可以衡量。同时,如果你一直是

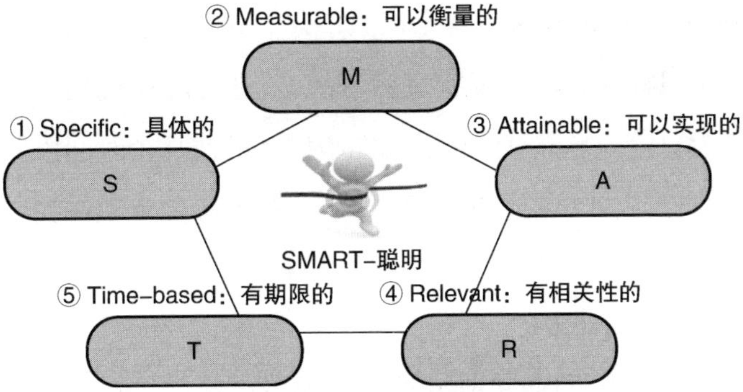

图 2-3　SMART 目标制定原则

从事人力资源岗位的，积累了很多实际经验，那么就会有相关性，目标是有可能实现的，一年表示了目标的制定是有时间期限要求的，这样制定出来的目标才算是有效的。

（2）分析现状（REALITY）

分析现状包括两个维度，一个维度为宏观环境，主要是指对行业环境的分析；另一个维度为微观环境，主要是指对自身情况的分析，我们一般采用的方法是 SWOT 分析法。早在多年前，我就用 SWOT 分析法对自身情况做过分析，结果如表 2-1 所列。

表 2-1　个人 SWOT 分析

内部条件 / 外部条件	优势(S) 1. 对培训行业有深厚的兴趣； 2. 积累了一定的培训经验； 3. 积累了一定的人脉资源	劣势(W) 1. 缺乏系统化的课件资料； 2. 缺乏培训技术； 3. 缺乏老师指引或一个可以自由发挥的平台
机会(O) 1. 培训行业有巨大的发展潜力； 2. 企业对培训越来越重视	SO 战略 在行业拥有巨大发展潜力的前提下，根据自身优势做好规划、积累力量	WO 战略 虽然外部机会很多，但是自身缺乏的东西也很多，需要尽快安排时间逐步完善
威胁(T) 1. 培训行业竞争激烈； 2. 对职业培训师的要求越来越高	ST 战略 在行业竞争激烈的情况下，对培训师专业化程度的要求也越来越高，应该坚持学习、勤于总结，形成自己独特的核心竞争力	WT 战略 在做好 WO 战略的同时，还要积极主动争取并珍惜每一次听课的机会（包括网课），更要积极主动争取上台实践的机会

(3) 制定方案(OFFER)

当确定了目标并分析了现状之后,我们要进行职业规划方案制作。而我们只有把大目标分解成每一个阶段性小目标以及每个时间段要完成的阶段计划或阶段任务,才能更好地实现目标,这些都需要体现在我们的职业规划方案中。

(4) 执行方案(WORK)

在制定方案之后,我们需要不折不扣地去执行。如何执行呢?以我自身为例,我就根据自身的情况制定了职业规划方案,并且在方案中对目标进行了自上而下分解,具体的执行计划见表2-2。

表2-2　执行计划

计划项目	具体事宜	时间要求	最难做到的
工作	1. 员工周报抽查及全员会议召开	半月1次,每次2小时	
	2. 拜访客户或其他重要人物	每月6次、每次4小时	
	3. 参加活动(培训、会议或其他)	半月1次、每次4小时	
	4. 培训学员	每月3~5天,每天6~9小时	
	5. 员工心灵沟通	每月1次,每次4小时	
	6. 俱乐部活动主导	半月1次,每次4小时	
学习	1. 视频课程学习	每天1次,每次0.5小时	
	2. 主攻课程优化(市场营销、职业引导、TTT①)	每周2次,每次4小时	
	3. 管理书籍撰写(管理博弈论)	每周5次,每次1小时	
	4. 参加培训	每两月1次,每次2天	
	5. 微信公众号发布文章	每周5次,每次1小时	
	6. 看书或看软文(专业类、管理类、经济类)	每周3次,每次2小时	
生活	1. 亲人聚会	每周1次,每次4小时	
	2. 朋友聚会	半月1次,每次4小时	
	3. 健身	每天1次,每次0.5小时	
	4. 美容	每周1次,每次2小时	
	5. 购物	半月1次,每次3小时	
	6. 集体运动(打球、慢走等)	每周1次,每次4小时	

注:① TTT, Training the Trainer to Train 的缩写,意为培训师培训。

如表2-2所示，执行计划表中包括了工作、学习、生活三个方面，每个方面又包含6个小任务，共计18个小任务。需要注意的是：在做执行计划表时一定要包含工作、学习、生活三个方面，因为只有在平衡好工作和生活的前提下，提升自己的学习力，才能让目标更快地实现。有了执行计划表后，要对计划表中的任务完成情况进行监督，计划监督表如表2-3所列。

在计划监督表中，已完成的小任务可以标上绿色，未完成的小任务可以标上红色。拿我本人来说，我每天会在晚上十点半打开计划监督表进行标色，如此坚持一个月，之后查看整个计划的完成情况。如果标红的任务过多，就需要反省和改进；若全部都标绿色，说明计划执行得很好，此时要及时奖励自己以示激励。表2-3是我本人2016年7月的计划完成情况监督表，其中工作部分全是绿色，这点值得表扬和肯定；生活部分和学习部分出现了红色，对此我就要寻找原因，如果是由于客观原因导致的，那就想办法整改，如果是由于主观原因造成的计划执行不力，就得进行反思并采取一定的自惩措施。

(5) 培养兴趣(INTEREST)

我们在执行方案的过程中，除了监督，还有一股更强的力量能让我们坚持到底，这股力量就是兴趣。乔布斯曾说，成就一番伟业的唯一途径就是热爱自己的事业。所以，就拿培训师职业来说，我们一定要培养自己对培训事业的兴趣，这样才能爆发出无限的能量。

(6) 记录过程(NOTE)

我们在执行方案的过程中，要把成长的点点滴滴记录下来，这样不仅有利于积累经验，举一反三，还有利于个人品牌的宣传。另外，我们还可以通过撰文、写书等方式进行记录和分享，以达到宣传个人品牌的作用。

(7) 成就巨人(GIANT)

通过前面的六个步骤，最终我们就能实现自己的梦想了，这个梦想就是成为一名卓越的培训师。因为成为培训师有四大好处：①时间自由；②财务自由；③资历越老越有市场；④桃李满天下。

表 2-3 计划监督表

2016 年 7 月份

项目 日期	工作						学习						生活					
	1. 员工周报抽查及全员会议召开(半月1次,每次2小时)	2. 拜访客户或其他重要人物(每月6次,每次4小时)	3. 参加活动(培训、会议或其他)(半月1次,每次4小时)	4. 培训学员(每月3~5天,每天6~9小时)	5. 员工心灵沟通(每月1次,每次4小时)	6. 俱乐部活动主导(半月1次,每次4小时)	1. 视频课程学习(每天1次,每次0.5小时)	2. 主攻课程优化(市场营销、职业引导、TTT)(每周2次,每次4小时)	3. 管理书籍撰写(每周5次,每次1小时)	4. 参加培训(每两月1次,每次2天)	5. 微信公众号发布文章(每周5次,每次1小时)	6. 看书或看软文(每周3次,每次2小时)	1. 亲人聚会(每周1次,每次4小时)	2. 朋友聚会(半月1次,每次4小时)	3. 健身(每天1次,每次0.5小时)	4. 美容(每周1次,每次2小时)	5. 购物(半月1次,每次3小时)	6. 集体运动(打球、慢走等)(每周1次,每次4小时)
1		1. 7月5日许兵老师来访 2. 下午拜访成总																
2																		
3																		
4																		
5						筹备中(7月有6日开第二次项目会议;7月有11、15演练,16上午布置,下午活动。)			改ETC主									
6	7月4日抽查,7月6日召开全体会议,下午查看“我们的咖啡”场地。																	
7		7月6日下午查看场地	7月8日走进九洲新世界(演讲俱乐部活动)										7月9日乐购茶室打牌			7月4日做了3号膜		7月7日打球
8														预计7月有7日兄弟姐妹群聚餐			7月3日带家人一起逛了沃尔玛	
9																		
10																		
11																		
12		7月12日看场地(农业园及学校)											7月11日给表弟买生日礼物,7月12日晚上到姑姑家吃饭					
13																7月13日做了肩颈 7月14日做了三号膜		筹备7月16日活动,暂时取消,7月13日请宏远、大师兄、刘
14							赶ETC资料											
15				“营销特训营”资料制作中	7月25日与陆雄一起晚饭交流													
16		7月18日拜访常州大学江院长,初步达到合作意向								预计参加北京国际培训师培训								
17																		
18																		
19																		
20																		
21													7月23日家庭聚会			7月19日做2号膜		7月23日婷婷演讲比赛初比赛(第一名)
22	7月19日项目总结会及营销特训营启动会	7月27日见好老师吴校长探讨合作事宜												7月16日ETC俱乐部聚餐 7月26日兄弟姐妹群聚餐				
23			7月16日ETC俱乐部启动活动			7月16日首次会员日											7月31日逛街购物(七匹狼、ONLY等)	
24																		
25																		
26																		
27		7月29日跟范总、陆校长探讨促助师的事情 31日南车																7月30日送婷演讲比赛决赛奥特复训
28													7月30日家庭聚会			7月30日三号膜		
29																		
30																		
31																		

以上 GROWING 模型的七步骤就是提升自律力在微观上的方法，它与宏观上的自我营销方法紧密连接、相辅相成，希望大家在实际操作过程中能够灵活运用。

第 3 章　自省力的提升

培训师成长的第三大能力为自省力。曾子曰:“吾日三省吾身。”要想成为一名卓越的培训师,在成长的过程中要学会时刻反省,要知道培训师职业生涯发展中存在的误区,要学习培训师职业生涯发展的管理学原理,要知道身为培训师的忌讳,要培养自己卓越培训师的特质。如此才能厚积薄发,最终成长成为一名卓越的培训师。

3.1　培训师职业生涯发展的误区

培训师职业生涯发展的误区主要有以下六个方面:

(1) 目标不清晰

我接触过很多人,他们都想成为培训师,但是最终都没有落实到具体目标上,而仅仅是一个想法。真正的目标一定要符合 SMART 原则(参见图 2-3),并且要求是具体的、可衡量的、可实现的、有相关性的、有期限的。比如我通过一年时间成长为一名人力资源领域的培训师。这种目标就非常具体,并且也是可以衡量的,同时,如果你一直从事的就是人力资源工作,会积累很多实战经验,那么也有相关性,目标就是可实现的。另外,一年表示的是时间期限。如此制定出来的目标才是有效的。切勿进入目标不清晰的误区,因为那会让你的培训师梦想遥遥无期。

(2) 定位不准确

这里的定位主要指我们所研究领域的定位。古语有云“术业有专攻”,作为培训师,首先我们得是所讲授课程领域的专家。所以,在进行研究领域定位时,一定要选择自己喜欢、擅长且熟悉的领域,最起码刚起步时必须如此,例如有营销经验的人建议研究营销领域,有人力资源管理经验的人建议研究人力资源领域,有生产管理经验的建议研究生产管理领域……如此才能做到定位精准,不走弯路。

(3) 计划不明确

想成为一名卓越的培训师,不仅要有深厚的专业功底,还要有厚积薄发的精神。最关键的是要有明确的计划,并且不折不扣、一步步地去完成它。所以,若制订的计划不明确,会导致虚度光阴,拉长个人成长的时间。

(4) 好高骛远

我们的生活中不乏一些好高骛远的人,他们喜欢追求不切实际的东西,但往往以失败而告终!所以,培训师在成长的过程中也要引以为戒,不要好高骛远。

(5) 邯郸学步

培训师在成长的过程也时常容易发生邯郸学步的情况,有时觉得这个老师的风格好,学习一下,有时觉得那个老师的风格好,也去学习一下,结果反而丢失了自己的特色,更有甚者渐渐觉得自己不知该用何种方式去上课。我们不要一味地模仿他人,可以适当借鉴,先借鉴再创新,最终找到适合自己的风格并沉淀下去,才能别具一格,更有吸引力。

(6) 轻视持续提升

培训师在职业生涯发展过程中一定要关注持续提升这个问题,切勿轻易满足现状,认为自己在某个专业上有丰富的经验就停滞学习。时代在日新月异地向前发展,知识更新的速度也越来越快,过去掌握的知识或经验,如今已大打折扣,久而久之就成了跟不上时代步伐的陈旧知识或老套经验。

所以，一定要保持不断提升的学习精神，一方面让自己的知识或经验“保鲜”，另一方面让自己在学员面前做一个表率，起到榜样的作用。

以上为培训师职业生涯发展的六个误区，希望大家都能够避开误区，成长得更快。

3.2 培训师职业生涯发展的管理学原理

当我们知道培训师职业生涯发展过程中的六个误区后，下一步就要学习管理学的三个原理，并严格遵循。

(1) 目标管理原理

目标管理原理是指要对未来的目标制订详细的实施计划，这样才能真正实现目标。请参考本书 2.2 节“微观上的提升：GROWING 模型”相关内容。培训师的成长若严格遵守“GROWING 模型”，就能做好目标管理。

(2) 定位精准原理

“定位之父”杰克·特劳特先生曾说，要给自己明确的定位，同时要找到差异化，这样才能形成自己的竞争优势，形成核心竞争力。作为拥有培训师梦想的人，定位也一定要明确、精准，如此才能形成竞争优势。

(3) 厚积薄发原理

厚积是指大量地、充分地积蓄；薄发，即突然喷薄而发。只有准备充分才能最终成功。想要成为一名优秀的培训师，必须学习竹子的成长，在中国的最东边生长着一种竹子，名叫“毛竹”。那里的农民到处播种，每天精心培养等待着种子萌芽，即使农民一直精心照顾，毛竹 4 年也只不过长了 3 厘米。其他地方的人看到这种情景，表示完全不能理解，花这么长时间种它做什么，浪费时间和精力。但是，毛竹在第 5 年却以每天 30 厘米的速度生长。这样只用 6 周就可以长到 15 米，这里瞬间就可以变成郁郁葱葱的竹林。虽然前 4 年间只长了 3 厘米，但从第 5 年开始了暴风式成长，仅用 6 周就发生了惊人的变化，但之前的 4 年间，毛竹已将根在土壤里延伸了数百平方米。

我们身边也有像“毛竹”这样特质的人，即使拼了命去努力也暂时看不到成果或者即使不被人知道也坚持到底。当看到他们的时候，也许会认为他们很不幸或认为他们是智力障碍者，但他们并不是不在成长，而是在扎根，扎很深很结实的根。等到时机成熟，他们便会登上别人遥不可及的巅峰。所以，也许你现在做的事情可能暂时看不到成果，但请不要害怕，我们一定要学习毛竹的精神，厚积薄发，努力扎根，最终才能不鸣则已、一鸣惊人。

3.3 培训师的六大忌讳

当我们以培训师的身份走上讲台之前，需要了解的就是现场授课时有哪些忌讳，为了让大家印象深刻，我罗列了六大忌讳。

(1) 自高自大，毫不谦逊

作为培训师现场授课的第一大忌是自以为了不起，一点都不谦逊，这点是非常不受学员欢迎的，哪怕你的专业知识再渊博。在这方面，我们有过深刻的教训。有一次，我们给一家企业提供培训服务，为了服务好客户，我们从众多资深培训师中挑选了一位专业知识非常丰富的，而这名培训师一年的培训授课能达到两百多天。但就是这样一位资深的培训师却引来了客户投诉，原因就是他在上课的过程中不谦逊，与学员产生了言辞争执。所以，要真正成为一名优秀的培训师，首先要忌自高自大。

(2) 自以为是，不做准备

作为培训师现场授课时的第二大忌是自以为是，就是认为自己的专业知识很渊博，不需要做任何准备。实际上无论我们上过多少堂课，教过多少学员，还是要充分地去做准备，因为一切都有可能发生变化，都有可能出现让我们措手不及的情况。

(3) 论人隐私，说人长短

作为培训师现场授课的第三大忌是论人隐私，说人长短。这是非常不礼貌的行为，有损为人师表的形象。

(4) 落入辩论,不重大局

作为培训师现场授课的第四大忌是落入辩论,不重大局,也就是针对某个话题与学员辩论,并且喋喋不休、咄咄逼人,不仅占用了很长的课程时间,还影响了整个教学进度。

(5) 不守时间,州官放火

作为培训师现场授课的第五大忌是不遵守时间,上课迟到或者提前结束课程,或者严重拖堂,并且只把遵守时间的要求用在学员身上,自己却不以为然,即所谓的“只准州官放火,不许百姓点灯”。这是影响培训师为人师表形象的大忌讳。

(6) 缺乏耐心,不善尊重

作为培训师现场授课的第六大忌是缺乏耐心。针对学员的提问或回答不能做到认真倾听,且不尊重他人,时刻打断别人说话。这同样是影响培训师为人师表形象的大忌讳。

3.4 卓越培训师的六大特质

当我们知道了培训师的六大忌讳后,再来看看作为一名卓越的培训师需要具备哪些特质呢?

(1) 专业自信,但不自负

在课程专业上一定要有超凡的自信,但是绝对不能自负,自以为是。越是层次高的人越谦逊,所以他们才有了超凡的个人魅力。

(2) 乐于学习,乐于分享

一定要热爱学习,并且乐在其中,同时还要乐于分享。这样不仅能让知识“保鲜”,还能让个人品牌得以宣扬。

(3) 知行合一,有正能量

一定要知行合一、言行一致,而且要富有正能量。这样才能一身正气,自带光环。

（4）心态开放，善于包容

一定要心态开放，不能关闭心门听不进别人的想法。同时，还要包容别人说的话。只有这样才能海纳百川，有容乃大。

（5）态度乐观，幽默风趣

一定要有乐观的心态，而且授课的风格中加入幽默风趣作为点缀，效果将会更佳，这样才能更有亲和力和吸引力。

（6）尊重他人，积极向上

一定要做到尊重他人，不要觉得自己是培训师就高人一等，而是要做到人人平等、相互尊重，同时要积极向上，不可向学员传播负能量。

第二部分

课程开发 Design

第4章　专业力的提升

培训师是传道、授业、解惑者，没有丰富的专业知识是不行的，所以“专业力”被称为培训师成长的第四种能力。

专业力的提升是以培训师自身的背景为基础的，这个背景包括学历、岗位、特长与爱好以及所在的行业等。所以，课程开发的方向非常重要，本章4.1节即为如何确定课程开发的方向。

在确定了课程的开发方向后，想要开发出有价值的课件，就要以组织需求和学员需求为导向，所以本章4.2节即为如何进行课程需求调查。

当培训师了解了组织和学员的需求后，就可以进行课程开发了。同样的课程内容，不同的表现形式，不同的人员来进行展示，都会呈现出完全不同的效果。所以，本章4.3节即为如何进行课程开发。培训师可以根据自己的性格、专业以及受众的背景、喜好来选择不同的开发模型，不同的开发模型所对应的表现形式是不一样的。

4.1　如何确定课程开发方向

多年前，我还不是专职培训师，但我对培训师工作非常向往，于是我找到了我的第一位培训导师，他在哪个城市上课，我就跟随他去哪个城市听课，积累了一定的授课经验后，我便开始正式开发自己的课件，但是因为没有开发课件的经验，所以做了很多尝试。

一开始，导师让我开发的是商务谈判课程，因为他考虑到市场营销课程讲的人太多了，而且女性讲营销课程让人信服度不够，是一片红海，因此想让我从另一个方向入手，于是便选择了商务谈判方向，并且给了我有关商务谈判的四十个小主题，让我每周研究一个，直到研究透彻为止，但是很快就半途而废了。与其说是因为工作繁忙没有时间研究，不如说是自己没有坚持到底。究其原因是虽然我一直从事的是营销工作，但是接触商务谈判的机会并不算太多，所以很多时候绞尽脑汁都总结不出来，哪怕是看再多专业领域类的书籍，由于缺少实战经验，总结出来的内容大多数是空洞而无法落地的。

于是，我开始深刻反思，然后重新调整，从我最擅长的领域入手，开发与市场营销相关的课程。很快就有了大的起色，经过很长一段时间的打磨，才有了如今的市场营销系列课程。

4.1.1 课程开发方向的选择原则

课程开发方向的选择跟创业挑选项目一样，要符合“五最原则”，分别是：最喜欢、最擅长、最熟悉、最有资源和最符合趋势。

(1) 最喜欢

“最喜欢”是指我们开发的课程所属领域一定要是自己最喜欢的，因为只有最喜欢，才能让我们遇到任何困难都不会轻言放弃，才能坚持到底。

(2) 最擅长

“最擅长”是指我们开发的课程内容一定要是自己最擅长的，这样才能形成自己的核心竞争力。

(3) 最熟悉

“最熟悉”是指我们开发的课程的所属领域、行业必须是我们自己最熟悉的，只有这样才能控制好整个授课过程，知道什么内容该讲得快，什么内容该讲得慢，以确保整个课程顺利开发。

(4) 最有资源

“最有资源”是指我们开发的课程一定要是最有丰富资源支持的，此处的资源包括认识的人、掌握的行业信息、拥有的工具和相关表格等，只有这样，开发出的课程才更落地、更有价值。

(5) 最符合趋势

“最符合趋势”是指我们开发的课程必须是符合时代发展的，一定要是大势所趋的课程，如此才会有市场需求。

4.1.2　课程开发路径

当我们开发的课程符合上述五个“最”之后，接下来要探讨的便是课程开发的路径，如图 4-1 所示。

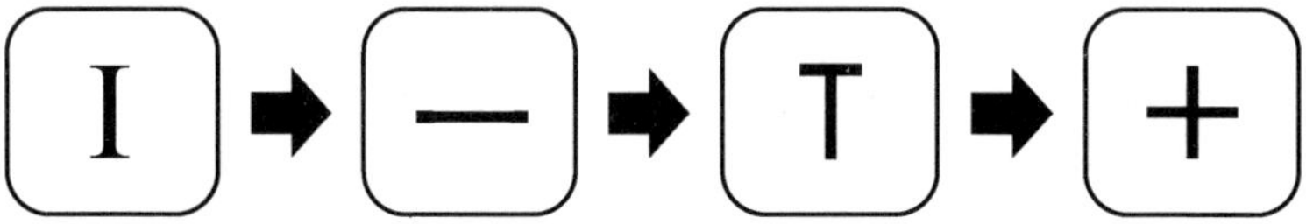

图 4-1　课程开发路径

(1) “I”字形培训课程

“I”字形培训课程即以“我”为主，先选择一个自己十分熟悉的专业，同时又有很多实战经验，以此作为自己的主打课程。后期通过大量的实际授课来逐渐形成一定的课程特色。

(2) “一”字形培训课程

经过了最初的“I”字形培训课程后，我们开始跳出以“我”为主，着手设计某一类课程，这就是所谓的“一”字形培训课程。它是由某个课程发展而来，最开始可能只讲某个课程，后期逐步发展到能够讲相关的某一类课程，同时在这些课程中，能有一些自己的专长课程。

(3) “T”字形培训课程

在“一”字形培训课程之后，要在此类课程的基础上着手进一步开发有一定深度的课程。比如就拿人力资源培训系列课程来说，我们可以深挖薪酬模块从而形成自己的王牌课程。

(4) "十"字形培训课程

"十"字形培训课程是要求既有广度、深度，还要有高度的课程。与同行的培训师相比，无论是课程内容上，还是培训形式上，特别是思维高度上都有所突破，拥有自己独特的风格和思想，久而久之将形成某一种流派。

4.2 如何进行课程需求调查

作为培训师，我们集多重角色于一身，其中有一个重要的角色就是营销者。卓越的营销者是以客户需求为中心，卓越的培训师同样是以组织和学员的需求为中心。那么，我们该如何进行课程需求调查呢？

做课程需求调查要遵循一定的步骤，一般来说包括以下六步，如图4-2所示。

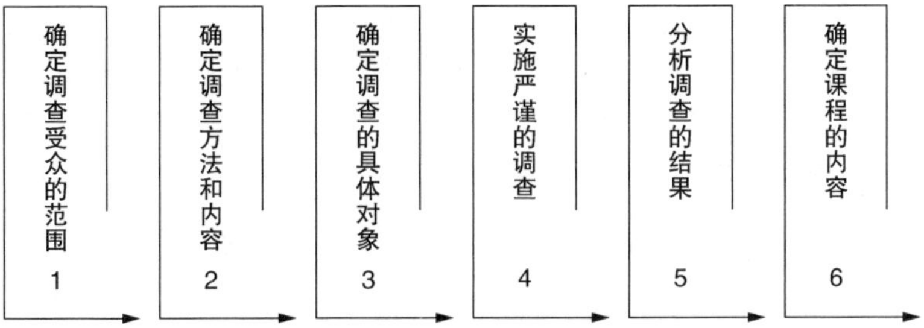

图4-2　课程需求调查步骤

第一步，确定调查受众的范围。我们必须先确定课程的受众是针对某个有需求的公司，还是某个有代表意义的群体，抑或是某个社会群体，比如"房地产行业的营销管理"课程的受众为房地产行业的营销人员或管理人员。

第二步，确定调查方法和内容。课程需求调查有多种方法，如观察法、问卷法、访谈法、考核法、资料调查法、抽样调查法等，每种方法的优缺点和注意事项都不一样，详见表 4-1，在实际调查时可根据情况选择合适的方法。

表 4-1 课程需求调查方法比较

方法	内容	优点	缺点	备注
观察法	现场观察学员的状况	1. 一手资料； 2. 真实反映； 3. 深入现场	1. 观察对象少； 2. 不够全面； 3. 对观察者要求高	运用多种感官观察
问卷法	设计调查问卷实施调查	1. 基于对象； 2. 成本低； 3. 时间少	1. 不够真实； 2. 不够深入； 3. 不能保证问卷回收率	问卷设计要科学合理
访谈法	面对面的访谈交流	1. 内容全面； 2. 真实性强； 3. 交流深入	1. 对主持者要求较高； 2. 很费时； 3. 成本高	对象必须具有代表性
考核法	对培训对象进行考核	1. 真实全面； 2. 内容深入； 3. 针对性强	1. 操作难度大； 2. 容易被抵制	考核内容设计合理
资料调查法	调查过去的资料档案以获得需求	1. 便易操作； 2. 全面； 3. 成本低	1. 不能及时反映变化； 2. 需要提炼	资料提供要全面
抽样调查法	抽取具有代表性的人员进行调查	1. 便于操作； 2. 成本低	1. 可能存在偏差； 2. 对象可能不典型	需配合其他方式的一种调查方法

课程需求调查的内容一般包括两大类：第一大类为培训背景，包括企业状况、培训目标、学员状况等；第二大类为培训内容，包括专业类培训内容（如营销、运营、生产、财务、人力资源等）和通用类培训内容（如领导力、管理能力、谈判、礼仪、团队凝聚力等）。例如，“房地产行业的营销管理”课程的培训内容即属于营销专业类培训。

第三步，确定调查的具体对象。针对哪个部门、哪个级别、哪个年龄层次，这些都需要根据课程的开发方向进行确定。例如，“房地产行业的营销管理”课程的具体调查对象为市场营销部门的管理层。

第四步，实施严谨的调查。实施课程需求调查一定要严谨，不可敷衍了事，一定要将每个环节都实施到位，这样才最有效果。例如，“房地产行业的营销管理”课程，我们采取的是 SPIN 顾问式营销话术来进行严格的访谈。

所谓 SPIN 即顾问式销售技巧，其实就是情景性(Situation)、探究性(Problem)、暗示性(Implication)、解决性(Need-Payoff)4 个英语词组的首字母合成词，而 SPIN 销售法是指在销售过程中职业地运用实情探询、问题诊断、启发引导和需求认同四大类提问技巧来发掘、明确和引导客户需求与期望，从而不断地推进销售过程，为销售成功创造基础的一种方法。

第五步，分析调查的结果。将调查所得的资料进行汇总、整理、分析、合并同类项、拆解模糊项等一系列处理，直到整理出真实有效的资料。例如，“房地产行业的营销管理”课程，我们通过对调查结果进行分析，得出该课程需求量不理想的原因有三点：①营销团队的建设不理想；②营销团队的管理不到位；③内部与外部沟通不顺畅。

第六步，确定课程的内容。通过第五步调查结果推导出受众的需求点，后续我们大概就知道需要准备哪些课程内容了。例如，“房地产行业的营销管理”课程，通过第五步分析调查的结果之后我们可以设计出如下课程大纲。

“房地产行业的营销管理”课程

第一部分　营销团队的建设

(一) 岗位设置

(二) 人员挑选

(三) 人员培训

第二部分　营销团队的管理

(一) 日常管理

(二) 客户管理

(三) 业绩管理

(四) 应收账款管理

第三部分　内外部高效沟通

(一) 沟通的原理

（二）沟通的技巧

（三）内部沟通的工具

（四）外部沟通的工具

通过以上六个步骤的课程需求调查，培训师就有了课程开发的思路，之后就可以进入下一阶段即课程开发。

4.3 如何进行课程开发

当我们掌握了学员明确的课程需求后就可以有针对性地选择课程内容，但是课程内容如何去组织，如何去表现是非常讲究的，这些取决于我们的课程开发模型。常用的三种课程开发模型为：5W1H 模型、PRM 模型、金字塔模型。

4.3.1 5W1H 模型

5W1H 模型中的 5W 分别代表“Why”“What”“When”“Where”“Who”，1H 代表“How”，如图 4-3 所示。运用到实际的课程开发当中，分别为：①为什么干这件事？（Why）即目的、意义、价值；②是什么？怎么回事？（What）即主题、对象；③什么时候执行、什么时间完成？（When）即时间、程度；④适用于哪些领域、行业、部门？（Where）即适用范围；⑤由谁执行？（Who）即参与人员；⑥怎么执行？采取哪些有效措施或行动方案？（How）即模型、方法、工具。

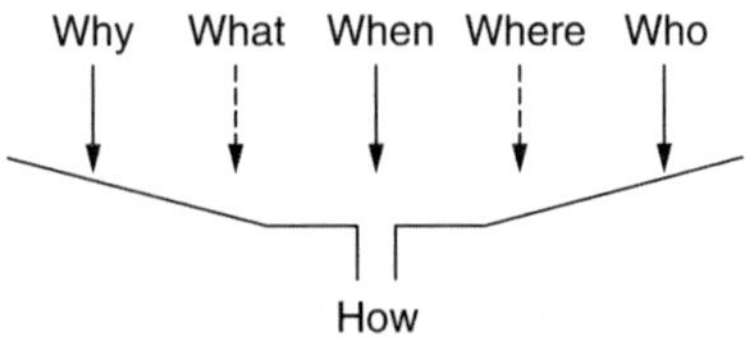

图 4-3 5W1H 课程开发模型

为了便于大家理解，我将“全员营销”课程用 5W1H 模型进行开发，结果如表 4-2 所列。

从图 4-3 可以看出，用 5W1H 模型开发的“全员营销——非营销人员的市场营销”课程就是通过“Why：为什么要学习市场营销”“What：营销是什么及营销什么”“Who：谁是营销者及向谁营销”“How：营销如何做”这四个板块来进行开发和展示的。大家在运用5W1H模型的过程中可以全部采用,也可以部分采用,就如上述“全员营销”课程开发实例中就只用了3W1H。

表4-2　全员营销——非营销人员的市场营销课程框架(用5W1H模型)

<table>
<tr><th>课程框架</th><th>小主题</th><th colspan="2">内容</th></tr>
<tr><td rowspan="5">第一部分</td><td rowspan="5">课前互动</td><td colspan="2">规则</td></tr>
<tr><td colspan="2">组建团队</td></tr>
<tr><td colspan="2">破冰游戏</td></tr>
<tr><td colspan="2">选择</td></tr>
<tr><td colspan="2">学习方法</td></tr>
<tr><td>第二部分</td><td>为什么要学习市场营销(Why)</td><td colspan="2">市场营销适用的领域分析</td></tr>
<tr><td rowspan="2">第三部分</td><td rowspan="2">营销是什么及营销什么(What)</td><td colspan="2">营销是什么?</td></tr>
<tr><td colspan="2">营销什么?</td></tr>
<tr><td rowspan="2">第四部分</td><td rowspan="2">谁是营销者及向谁营销(Who)</td><td colspan="2">谁是营销者?</td></tr>
<tr><td colspan="2">向谁营销?</td></tr>
<tr><td rowspan="5">第五部分</td><td rowspan="5">营销如何做(How)</td><td rowspan="3">营销自我</td><td>营销自我的四个步骤</td></tr>
<tr><td>营销自我的案例分析</td></tr>
<tr><td>营销自我的实战践行</td></tr>
<tr><td rowspan="2">营销产品或服务</td><td>B2B模式下的标准营销步骤及方法</td></tr>
<tr><td>B2C模式下的标准营销步骤及方法</td></tr>
<tr><td rowspan="3">第六部分</td><td rowspan="3">课后总结</td><td colspan="2">你问我答</td></tr>
<tr><td colspan="2">课程回顾</td></tr>
<tr><td colspan="2">奖惩兑现</td></tr>
</table>

4.3.2　PRM模型

PRM模型中的P代表的是“Phenomenon,现象呈现”,R代表的是“Reason,原因分析”,M代表的是“Measure,措施及解决方案”,即从这三个板块进行课程的开发和展现,如图4-4所示。但PRM模型中有一些注意要

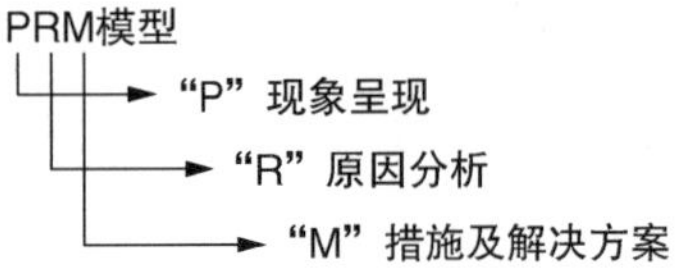

图 4-4　PRM 课程开发模型

点，比如在"Reason，原因分析"这个板块，一定要注意三点：①"全"——尽可能地把与之相关的原因都找出来，绝不遗漏；②"重"——分析导致某一现象的最重要的原因，并做好轻重缓急排序；③"首"——找到首要原因。

为了便于理解，现将段烨老师在《培训师的 21 项技能修炼》中使用 PRM 模型进行"高效沟通"课程开发的案例展示给大家，结果如表 4-3 所列。

表 4-3　"高效沟通"课程用 PRM 模型开发

"高效沟通"课程框架
一、P——现象呈现 为了掌握真实状况，确保培训效果，请如实回答以下问题： (1) 请列举沟通方面存在的一些情况。 (2) 你认为沟通方面存在哪些问题？ (3) 在实际工作中，为你带来负面影响的是哪些沟通方式？ (4) 你觉得最不满意的沟通现象有哪些？ (5) 对于沟通，你最惨痛的经历是什么？ (6) 在你看来，你和上司的沟通存在什么问题？ (7) 你和同事之间的沟通障碍主要体现在哪些方面？ (8) 在对上、对下和平级之间的沟通中，什么会让你不满？ (9) 你最想解决的沟通问题是什么？请列举三项。 (10) 对于沟通，你还有什么要补充的？ 注：在现象呈现过程中，要选择合适的调查方式，通常用"问卷调查"和"访谈法"。
二、R——原因分析 对于以上沟通方面存在的问题，你觉得最主要的原因有哪些？ 1. 公司外部原因 (如果有，请详细列出来；如果没有，就不用举例。) 2. 公司内部原因 1) 公司方面：(你觉得导致沟通不良的原因主要是什么？并举例说明) 企业文化； 公司的规章制度； 公司新的政策； 公司最近发生的重大事件 2) 个人方面 缺乏相关的知识； 没有掌握沟通技能； 对高效沟通的作用缺乏正确的认识

（续表）

三、M——措施及解决方案

主题:如何提高公司内部沟通绩效

课程内容:

<table>
<tr><td colspan="3">第一部分:P 现象呈现——常见的十大沟通误区(占时 10%左右)</td></tr>
<tr><td rowspan="5">第二部分:R 原因分析——产生以上沟通误区的原因(占时 10%左右)</td><td colspan="2">1. 公司外部因素(如果有,简单提及)</td></tr>
<tr><td colspan="2">2. 公司层面的因素(淡化,提示会用其他方式解决)</td></tr>
<tr><td rowspan="3">3. 员工方面存在的问题(最大问题是“缺乏沟通技能”)</td><td>欠缺沟通方面的知识</td></tr>
<tr><td>没有掌握正确沟通的相关技能</td></tr>
<tr><td>对高效沟通的作用缺乏正确的认识</td></tr>
<tr><td rowspan="7">第三部分:M 解决措施——如何提高沟通技能,实现高效沟通 5W1H(重点,占时 80%)</td><td rowspan="2">1. 传道:关于沟通的知识和原则(占时 10%左右)</td><td>What:什么是沟通?沟通的原则有哪些?</td></tr>
<tr><td>Why:沟通的作用和目的是什么?</td></tr>
<tr><td rowspan="3">2. 授业:提高沟通技能的方法和技巧(占时 80%左右)</td><td>How:如何讲?如何听?如何做到双向沟通?平级之间如何沟通?如何与客户沟通?</td></tr>
<tr><td>When:沟通的时间和时机</td></tr>
<tr><td>Where:沟通的场合和地点</td></tr>
<tr><td colspan="2">3. 解惑:沟通中常见的困惑有哪些?个人会遇到哪些特殊的问题?(占时 10%左右)</td></tr>
<tr><td colspan="2">4. 确定名称:主标题“提升沟通技能,实现高效沟通”,副标题“××公司中层管理者沟通培训”</td></tr>
</table>

说明:此 PRM 模型是由两个 PRM 套在一起的,前一个的 M 中包含了后面的 PRM,后面的 PRM 中又包含了前面的 P 和 R。

从表 4-3 可以看出,用 PRM 模型开发的“高效沟通”课,在第一个环节中运用了一系列提问来了解公司内部员工之间的沟通现状,得出了十大沟通误区;在第二个环节中通过公司外部原因和内部原因来对这十大沟通误区的原因进行分析;在第三个环节中给出了解决十大沟通误区的解决方案和措施。

4.3.3 金字塔模型

金字塔模型有四个层次,最低层次为工具层,依次往上为战术层、策略层和理念层,如图 4-5 所示。

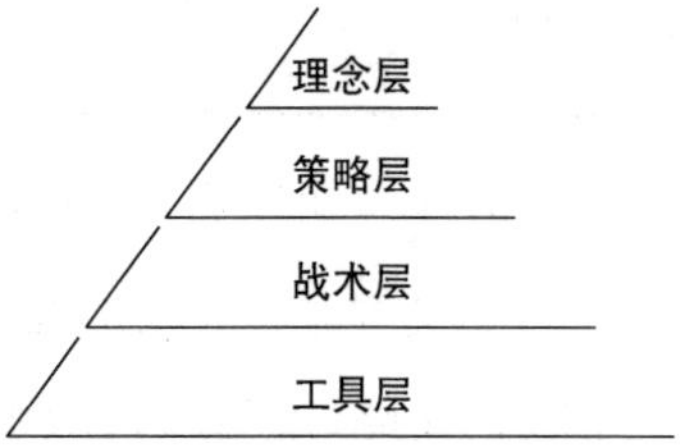

图 4-5 金字塔开发模型

为了便于大家理解，我将“高效沟通”课程用金字塔模型进行开发，结果如表 4-4 所列。

表 4-4 “高效沟通”课程用金字塔模型开发

层次	课程研究方向	内容
理念层	沟通	沟通的概念
		沟通的步骤
		沟通的阻碍
		沟通的适用范围
	职场沟通	职场沟通的重要性
		职场沟通的基本要素
		职场沟通的两个层面
		职场沟通的基本原则
策略层	组织策略	组织现状分析
		沟通流畅型组织的基本要素
	环境策略	选择合适的硬沟通环境
		营造合适的软沟通环境
	沟通策略	纵向沟通
		横向沟通
		外向沟通
战术层	一对一沟通战术	聆听
		表达
		反馈
		平衡
	一对多沟通战术	开会
		头脑风暴
		演讲
工具层	一对一沟通工具	一个高效沟通模型
	一对多沟通工具	五种高效沟通工具

从表 4-4 可以看出，用金字塔模型开发的“高效沟通”课程，在理念层介绍了什么是沟通和职场沟通，引出课程的主要研究方向为职场沟通，从而制定相应的策略(策略层)，从组织策略、环境策略、沟通策略三个方面入手全方位创造好的沟通条件，再分别对“一对一沟通”和“一对多沟通”两种情况

下制定不同的战术(战术层),最后针对这两种情况下的战术给出相应的工具(工具层),让学员可以实操使用。

以上就是常用的三种课程开发模型,大家可以选其一使用,也可以进行自由组合使用。另外,在日常学习过程中,也可以不断地观察其他老师用的是什么课程开发模型,通过对别人的模型进行研究,并加入自己的思考,使之可以被借鉴使用,而非盲目照搬。总之,课程的开发一定要框架明确、条理清晰、环环相扣。

第5章　创新力的提升

时代的变化日新月异,对培训师的要求也越来越高,同时,社会对培训的审美疲劳也越来越严重。在这种情况下,我们只有不断地创新课程内容及课程的展现方式,才能让我们的培训课程更受学员欢迎,更有市场价值。所以,“创新力”被称为培训师成长的第五种能力。

在本章中我将从课程内容的系统化和创新化角度进行分析,以期帮助大家提升创新力。

5.1　课程内容的系统化

5.1.1　课程内容系统化的必要性

课程内容的系统化是创新力的基础,其必要性体现在:其一,点状的知识已经太泛滥,从网站、微信、书籍、杂志等地方都能得到,培训如果再走点状路线就不具备市场竞争力了;其二,点状的知识太过片面,对于学习者的帮助不能达到效果最大化,甚至有时会产生断章取义、南辕北辙的结果。

5.1.2　课程内容系统化的原理

课程内容系统化的管理学原理有两个:房子原理、马斯洛需求层次理论原理。

1. 房子原理

房子的地基代表原理，即理论基础，一般体现在课程主题中，主题定位精准了，方向就正确了，基础也就打好了，所以称为地基；房子的柱子代表结构，即实践支撑，一般体现在课程框架中，框架清晰、逻辑缜密，课程的内容就差不到哪去；房子的屋顶代表保障，即技巧美化，一般体现在课件的提炼美化中，房子漂不漂亮，其中很显著的一块在于屋顶，课件漂不漂亮最大的区别在于课件PPT是否让人赏心悦目。房子原理告诉我们，课程内容的系统化是集理论基础、实践支撑、技巧美化于一体的，缺一不可。房子原理如图5-1所示。

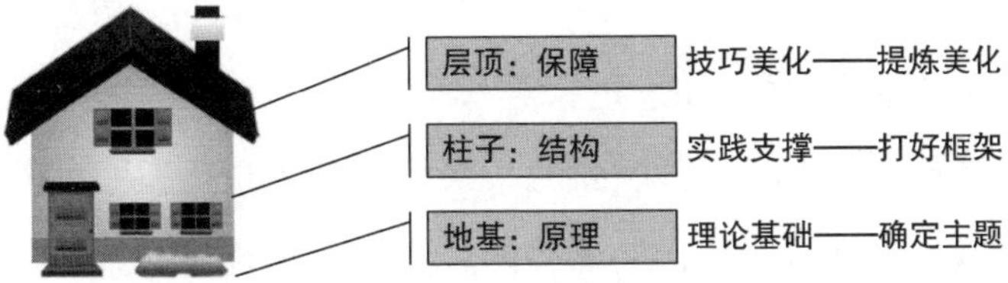

图5-1　房子原理

2. 马斯洛需求层次理论原理

马斯洛将人的需求分为了五个层次，分别为生理需求、安全需求、社交需求、尊重需求、自我实现需求（图5-2）。我们的学员需求也一样，层次不

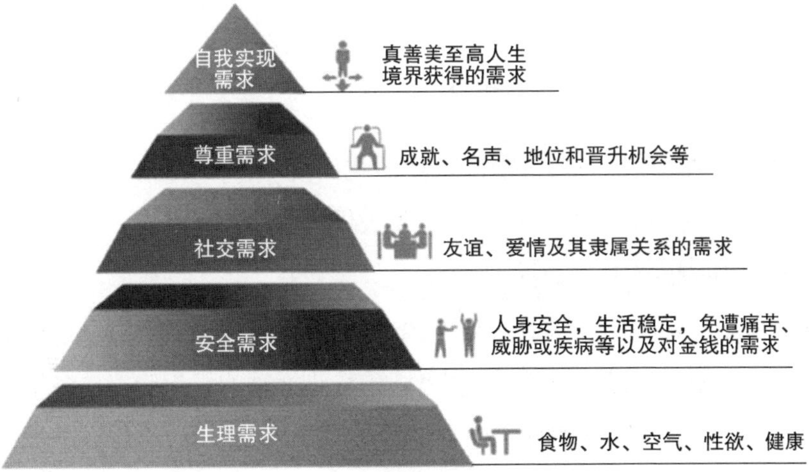

图5-2　马斯洛需求层次原理

同,需求不同,具体见图 5-3。

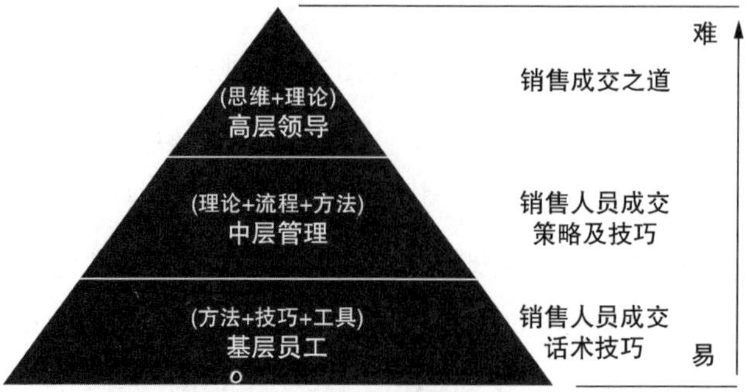

图 5-3 学员需求层次

根据图 5-3,我们可以看出不同的学员层次,他们的关键需求点是不一样的,比如销售成交课程,如果是针对基层员工进行培训,我们的课程内容应侧重方法、技巧和工具,所以“销售人员成交话术技巧”更合适;如果是针对中层管理者进行培训,我们的课程内容则应侧重理论、流程和方法,所以“销售人员成交策略及技巧”更合适;如果是针对高层领导者进行培训,我们的课程内容应侧重思维和理论,所以“销售成交之道”更合适。如果培训需求调查结果显示各个层次的学员都有,则应根据实际情况进行配比,并和培训需求方相关负责人确认之后再开展正式培训。总之,我们要做到按需而变、合理匹配、精益求精。

5.1.3 课程内容系统化的步骤

在以上两个原理的指导思想下,课程内容系统化可以分为三个步骤,即确定课程主题、打好课程框架、课件提炼美化。

1. 确定课程主题

一个定位精准、符合规范并满足需求的主题是课程内容的基础,那么如何实现呢?通俗地讲,要满足三个条件:①培训活动的组织者能清楚地知道让哪个层级的学员来学习什么内容;②培训师要明确知道给什么层级的学员讲什么内容;③学员能知道这门课程适不适合自己学习。较为规范的课程主题如表 5-1 所列。

表 5-1　规范的课程主题

主题格式	课程	说明
培训对象 + 课程主题	导购人员的销售技巧提升、非人力资源经理的人力资源管理、中层管理者管理技能训练	培训对象和课程主题一目了然
培训对象 + 课程主题 + 量化指标	领导者的 21 项领导力修改、高效能人士的七个习惯、高层管理者的七项修炼	不仅包括了培训对象和课程主题,还把课程内容进行了量化
双标题:大标题 + 培训对象 + 小标题(课程主题)	营销·"赢销"(大标题) + 卓越营销者的营销技巧提升(小标题)、赢在执行(大标题) + 中层管理者执行力和五项修炼(小标题)	当一个标题不足以表达时,可以用双标题的形式呈现,双标题会让主题更有气势,所以也比较常用

现实中,我们也会经常看到很多不规范的课程主题,见表 5-2。

表 5-2　不规范的课程主题

不规范的主题格式	课程	说明
有培训对象,无课程主题	赢在中层、卓越执行者	从课程主题看不出具体是什么培训内容
无培训对象,有课程主题	问题的分析与解决、项目管理	看不出讲什么给学员听
耸人听闻型	超级成功学、马上成功	成功真的那么简单吗
包罗万象型	市场营销学、人力资源管理	这不是一个课程主题,而是一套系列课程,仅仅几天的培训是解决不了的
唯我独尊型	第一销售秘籍、卓越企业家第一成功法则	言过其实,夸夸其谈
以偏概全型	赢在执行、细节决定成败	言过其实

所以,我们一定要绕开上面这些误区,尽可能地规范课程主题。

2. 打好课程框架

一般来说,一堂完整的课包括三个部分:课前、课中和课后。

课前部分的目标是为了吸引学员认真听课,因此关于课前部分可以做如下几件事情：

(1) 树立权威，我们可以通过优美开场来实现；

(2) 宣布规则，包括常规规则和个性规则，个性规则也从一个侧面体现了课程的创新化；

(3) 拉近距离，一般采取破冰游戏拉近与学员的距离；

(4) 吸引学员，一般通过思维导图和学员互动来达到吸引学员的目的。

课中部分的目标是为了提升学员的认知和技能，其中用到的工具和模型有：

(1) 三种课程开发模型(5W1H 模型、PRM 模型、金字塔模型)；

(2) 三种常用工具(层别法、鱼骨图法、STAR 法则，在本节最后部分介绍)；

(3) 课程内容美化十式(时间式、组件式、案例式、矩阵式、体验式、复合式、对比式、A/B 式、涂鸦式、导图式，在本书第 6 章审美力的提升中将详细介绍)。

课后部分的目标是为了提高学员行动的意愿，其中包括的内容有：

(1) 你问我答，即答疑环节；

(2) 课程回顾，即课程总结；

(3) 奖惩兑现，即鼓励先进、激励落后；

(4) 课程实践，即学以致用。

课前部分、课中部分、课后部分的总体框架如图 5-4 所示。

3. 课件提炼美化

课件提炼美化主要是指 PPT 的美化。PPT 是培训师上课的工具之一，它有三大作用：①帮助培训师表达；②帮助学员理解；③帮助彼此记忆。PPT 的美化是一门学问，宏观上，要避免模板混乱、逻辑混乱、胡乱拼凑 PPT、“WORD 搬家”、动画太多等；微观上，要避免单页文字过多、图表堆砌、图片太多、图片质量不高、层次复杂、字体字号变化过频、五颜六色或过

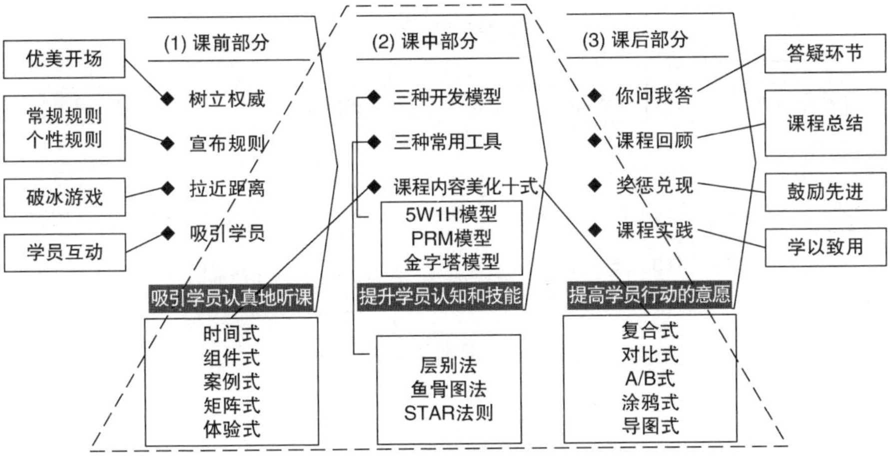

图 5-4 课程框架(课前、课中、课后)

于简单粗糙等。我们将在本书第 6 章审美力的提升中详细介绍如何进行课件美化。

5.1.4 课程内容系统化的常用工具

课程内容系统化常用的三种工具:层别法、鱼骨图法、STAR 法则。

1. 层别法

为了区分所收集数据中各种不同的特性特征对结果产生的影响,以个别特征加以分类统计,此类统计方法称为层别法。层别法被广泛运用于管理学相关培训课程中,层别法在实施时,用以分类的特征要做到完全穷尽、相互独立。比如我们在研究"销售下降"这个问题时,发现它是大而模糊的,我们可以用层别法找出所有可能导致销售下降的原因,包括:产品、价格、人员和制度。另外,在这些大原因下又存在着很多小原因,比如"人员"原因下面可能存在人员知识、人员技能、人员态度三个小原因,小原因下面又可以细分出更多的问题点,比如"人员技能"原因下面的问题点为需求探寻不明确,而且相比较之下发现这是导致销售额下降的关键原因,由此我们可以给出需求探寻不明确这一问题的解决方案:使用 SPIN 顾问式营销话术精准探寻客户需求。层别法使用示例见图 5-5。

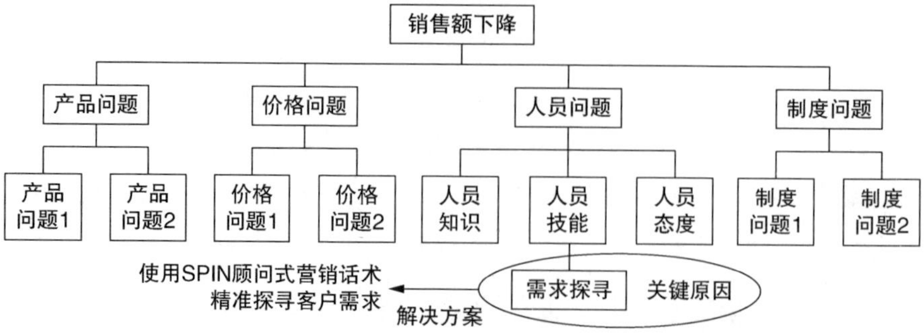

图 5-5　层别法使用示例

2. 鱼骨图法

鱼骨图(又名因果图、石川图),指的是一种发现问题"根本原因"的分析方法。现代工商管理教育将其划分为问题型、原因型、对策型等几类。鱼骨图法是将影响某个问题特性的要因加以整理,从而形成各因素之间有相互关系且有条理的类似鱼骨形状的图形。鱼骨图的绘制过程如下:

(1) 填写鱼头(按为什么不好的方式描述),画出主骨;

(2) 画出大骨,即填写大要因;

(3) 画出中骨、小骨,即填写中、小要因;

(4) 用特殊符号标识重要因素。

需要注意的是,在绘图时,应保证大骨与主骨成 60°夹角,中骨与主骨平行。

比如我们用鱼骨图法研究"为什么电话回访难?"课题时,所得到的结果如图 5-6 所示。

从图 5-6 我们可以得出以下结论:心态、技能、制度及资源是导致电话回访难的主要原因(详见大骨部分),而每个主要原因下面又有很多小原因(详见中骨部分),最后找出了要因:心态主因中的"对服务理解不透",技能主因中的"客户档案不全"。鱼骨图法简约却不简单,大家再看下面的例子"如何做好课程主持"课题,用鱼骨图法对其进行研究,结果如图 5-7 所示。

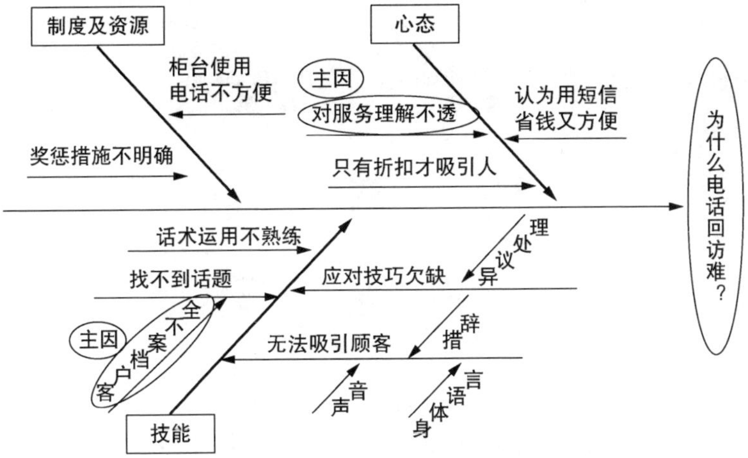

图 5-6　使用鱼骨图法研究“为什么电话回访难”课题

(图片来源:https://wenku.baidu.com/view/8bc825b4a0116c175f0e484e.html.)

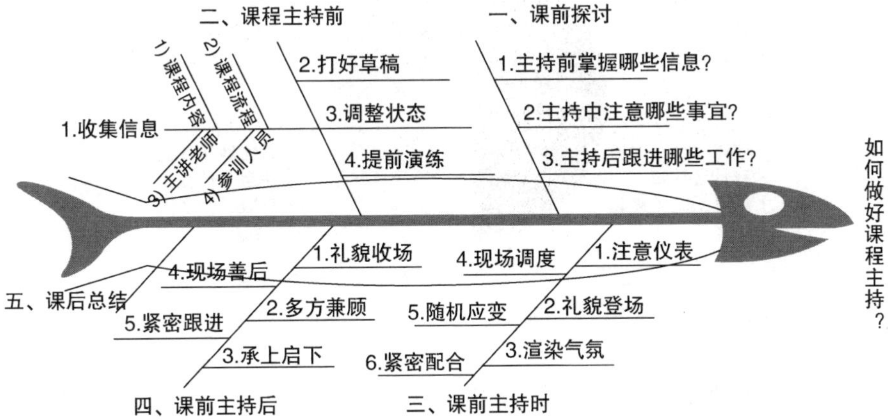

图 5-7　使用鱼骨图法研究“如何做好课程主持”课题

3. STAR 法则

STAR 法则是一种被面试官经常使用的工具,是情境(Situation)、任务(Task)、行动(Action)、结果(Result)四项的缩写(图 5-8)。最初 STAR 法则只是用来收集面试者与工作相关的具体信息和能力,相比传统的面试手法来说,可以更精确地预测面试者未来的工作表现(图 5-9)。

目前,STAR 法则除了运用于面试中,也衍生用于其他管理领域中,包括

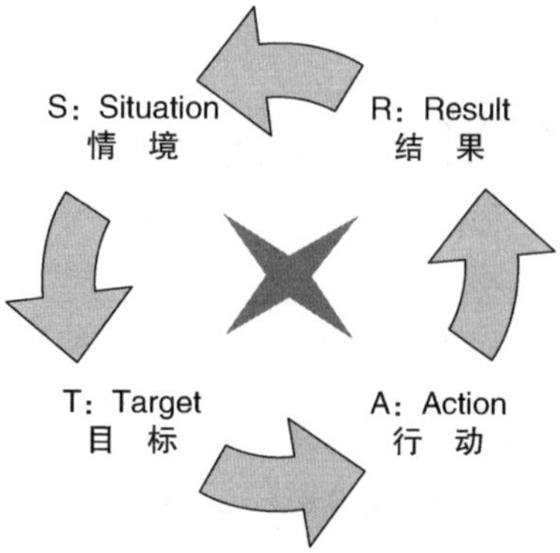

图 5-8　STAR 法则四项图

（图片来源：http://p3.pstatp.com/large/320e0000e7c1ab2b93fa.）

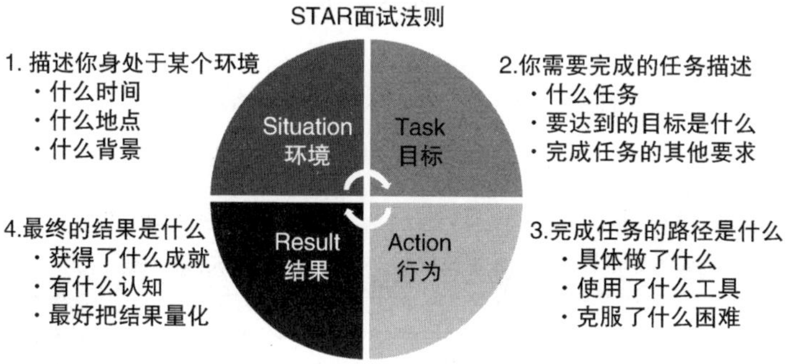

图 5-9　STAR 法则四项图在面试中的运用

（图片来源：https://www.zhihu.com/question/307936450/answer/616146234.）

培训领域。比如，我们可以将其运用于课程研究，图5-10 为研究“如何提升客户满意度”课程，图 5-11 为研究“产品法则”课题，运用 STAR 法则后逻辑清晰、一目了然。

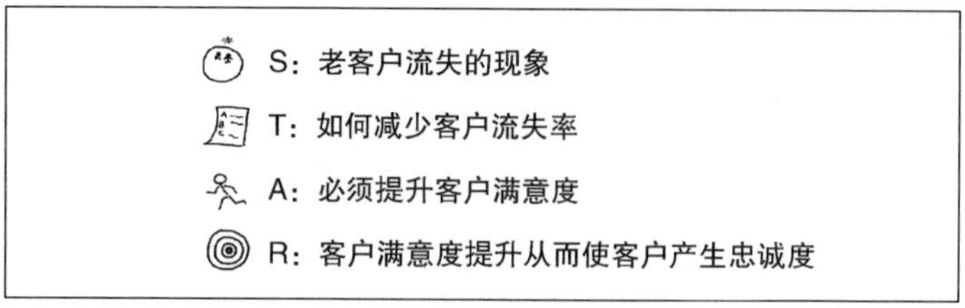

图 5-10　使用 STAR 法则研究“如何提升客户满意度”课题

S	Situation 用户场景	• 用户的类型和特征是什么 • 在什么情况下用户会进入这里 • 用户为什么需要这个产品
T	Task 功能目标	• 产品要解决什么问题 • 问题的关键点是什么 • 其他功能要求
A	Action 行为路径	• 如何设计产品流程 • 如何提高用户效率 • 如何兼顾技术可行性
R	Result 产品效果	• 产品是否解决了问题 • 产品是否达到功能要求 • 效果如能量化则更佳

图 5-11　使用 STAR 法则研究“产品法则”课题

(图片来源:http://dy.163.com/v2/article/detail/DPEAOPB40511805E.html.)

通过上述介绍,对于课程内容的系统化我们可以从两个原理、三个步骤及相应的方法工具入手,让课程内容更加有吸引力。

5.2　课程内容的创新化

创新力的提升,除了要增强课程内容的系统化以外,还要进行课程内容的创新化。如何进行课程内容的创新是每一名卓越培训师每天必须思考的问题。要想更准确、更有效地解决这个问题,我们要先研究学员的需求和学员的心理。

5.2.1　学员喜欢什么样的课堂

首先,课程中一定要有学员参与的内容,即有参与感。学员喜欢的课堂不是培训师一言堂,而是能亲身参与其中,这样才能让学员有存在感和成就感。

其次,课程的内容要易学。课程不能理论化太强,专业术语一大堆,而是应该容易学,容易吸收。

再次，课程的内容要可用。学员来参加培训都是为了能将所学的知识和技巧运用到工作和生活中，所以说他们希望课程的内容能上手可用。

最后，课程的内容要有趣。我们发现，有的课程内容是非常有用的，但是缺乏趣味性，所以很多学员学到一半就学不下去了。因此，为了能让学员学到知识，增强课程的趣味性也是必需的。

当我们知道学员的心理需求有“参与”“易学”“可用”“有趣”之后，我们要想办法将课程内容朝这些方面进行创新。

5.2.2 课程内容创新的方向

根据我作为培训师多年的授课经验，我总结了课程创新的几个方面：

(1) 通过课堂将老师和学员连成一个整体；

(2) 课程内容深入浅出，便于学员理解；

(3) 课程内容加入有趣的、吸引人的亮点；

(4) 课程内容具有实战性；

(5) 让学员有参与感、成就感。

5.2.3 课程内容创新的方法

课程内容创新的方法有三个：增加体验式培训的内容、将促动技术加入培训中、将涂鸦手绘加入培训中。

(1) 增加体验式培训的内容

体验式培训包括沙盘游戏内容、案例内容、拓展内容、投票内容等。这些内容会让学员很有参与感，并且过程生动有趣，也很具备实战作用。我们来看个案例，如图 5-12 所示，在“营销技巧提升”课程上，沙盘演练的过程中，学员的状态是十分积极投入的。

(2) 将促动技术加入培训中

促动技术属于行动学习的方法和工具，共有一百多种，其中最常用的有“聚焦式会话法”“团队共创”“鱼缸会议”“世界咖啡”“未来探索”等，这些工

图 5-12 “营销技巧提升”课程中的沙盘演练过程

具的最大特点就是促进学员的行动，过程有趣且成果满满，让学员既开心，又有成就感。我们来看个案例，如图 5-13 所示，在某次课程培训中运用了促动技术，学员课堂状态十分积极、投入。

(3) 将涂鸦手绘加入培训中

视觉引导一直是市场上非常受欢迎的课程，之所以受欢迎，是因为在上

图 5-13　某次课上使用了“鱼缸会议”这一促动技术

课的过程中，学员们一起思考、一起绘画、一起涂鸦，非常快乐，而且将涂鸦成果贴上墙壁，效果很好。我们来看个案例，如图 5-14 所示，在某次 ETC 俱乐部培训课程中运用了涂鸦手绘方式做的课程记录，笔记十分活泼，生动有趣且易于理解。

通过以上创新方向的建议及三大创新方法的介绍，希望能给大家带来一些启示和收获。创新之路是永不停歇之路，所以我们推崇持续创新，才能跟上社会发展的步伐，甚至走在时代前沿。

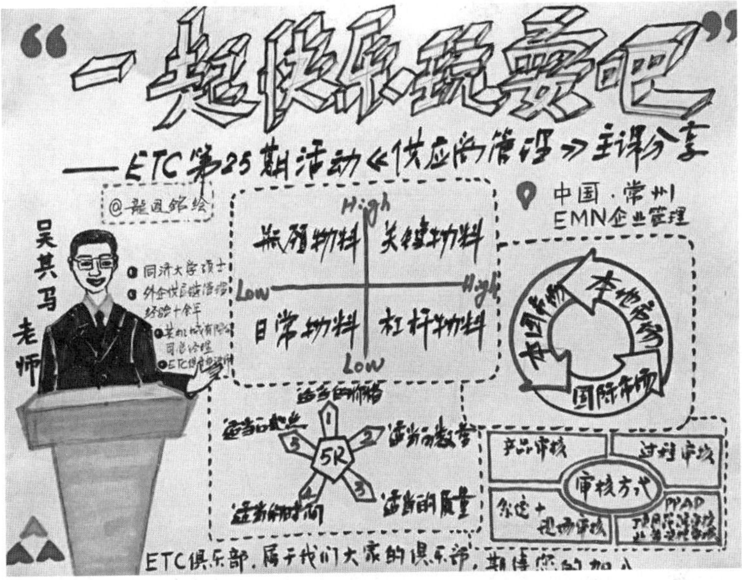

图 5-14　用涂鸦方式做的课程记录

第 6 章　审美力的提升

大家可能会有这样的感受，在参加培训时，会对那些把课程内容总结得很漂亮的培训师有好感，也会对那些把课件 PPT 做得大气的培训师有好感，这是为什么呢？因为爱美之心人皆有之，所以“审美力”被称为培训师成长的第六种能力。

在本章中我会从课程内容的美化和课件 PPT 的制作和美化两方面进行讲述，希望有助于提升大家的审美力。

6.1　课程内容的美化

如果课件满页都是文字，想必学员肯定不会喜欢，因为一是缺乏美感，二是重点不突出。那么怎样才能做到重点突出且美观大方呢？我总结了十种方式，暂且称之为“课程内容美化十式”，如图 6-1 所示。

1. 时间式

时间式也称“先后式”，有时也叫“编年体式”，就是按照事物发生的先后顺序将课程内容的每个节点串联起来。比如事物的发展过程、企业的发展历程、新产品上市的发展史、员工职业生涯的规划路径等内容就非常适合用时间式来进行课程内容美化。比如在 ETC 俱乐部的课程介绍中，关于 ETC

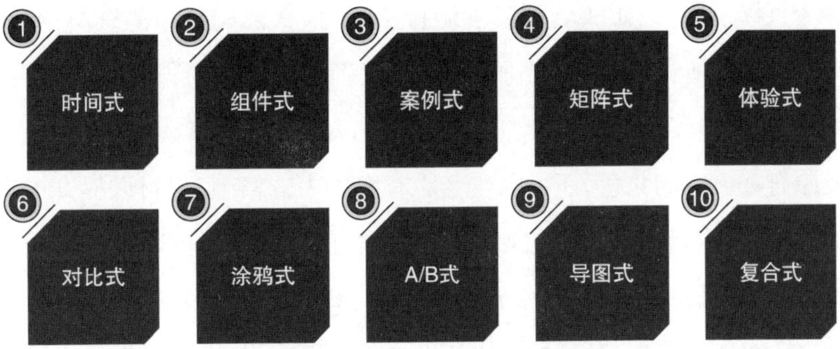

图 6-1 课程内容美化十式

俱乐部的发展历程介绍用的就是时间式，如图 6-2 所示。

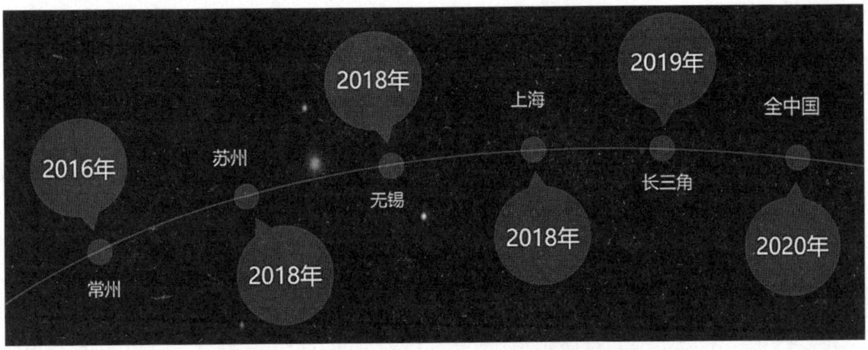

图 6-2 ETC 俱乐部发展历程介绍(时间式)

2. 组件式

组件式又称“单元式”或“模块式”，即把课程内容按照某种维度分成几个模块，然后再将各个模块按照某种方式组织起来。比如，可以用并列式的维度来分类，从而就形成了管理者的五项修炼、销售精英的十堂课、商务礼仪的七项基本功等；可以用空间式的维度来分类：东北、华中、华南等；可以用进阶式的维度来分类：第一阶段为如何做员工，第二阶段为如何做主管，第三阶段为如何做经理等。

3. 案例式

案例式是指在课程的相应板块中加入案例，然后让学员们对案例进行分析，最后由导师做总结。那么案例从何而来呢？一般来说有三种来源：第一种为直接引用,比如从培训需求调查中所得、从公司公布的资料中所得、从专业杂志中所得、从网络搜索中所得,或者其他途径所得;第二种为案例改编,即在经典案例的基础上加以改编,可以改变原有案例的内涵,也可以改变原有案例中的角色,还可以改变原有案例中的情节,更可以提升原有案例的含义,以达到案例新颖的效果;第三种为案例自编,可以是自己听说的案例,也可以是身边人的案例,还可以是亲身经历的案例,这类案例一般最接地气。案例式课程内容通常非常受学员欢迎,所以我们在生活中要做个有心人,养成收集案例的习惯。很多时候,一个场景、一张相片,甚至一句话都有可能成为一个经典案例。比如我在讲"如何自我营销"课程时就采用的案例式来优化课程内容,以诸葛亮的人生轨迹为例进行如何自我营销的实际运用讲解。

4. 矩阵式

矩阵式是指将课程内容设计成某个矩阵,然后就矩阵的每个模块分别进行阐述。比如我们在对"时间管理"课程的内容进行制作时,可以从"紧急"和"重要"两个维度分成"紧急重要""紧急不重要""重要不紧急""不紧急不重要"四个矩阵进行阐述。矩阵式内容的典型代表有波士顿矩阵,如图6-3所示。

波士顿咨询公司的业务增长——市场份额矩阵

问号 收益特征:低,不稳定,但在增长 现金流:负 战略:通过业务分析确定该业务是否可发展成"明星"业务,或退化成"瘦狗"业务	**明星** 收益特征:高,稳定,增长 现金流:中性 战略:继续投资,促进增长
瘦狗 收益特征:低,不稳定 现金流:中性,或负 战略:剥离	**现金牛** 收益特征:高,稳定 现金流:高,稳定 战略:最大限度地榨取(挤奶)

图6-3 波士顿矩阵图样(矩阵式)

(图片来源:https://xueqiu.com/8541726624/74320274.)

图 6-4 “领导力提升”课程现场(体验式)

5. 体验式

体验式是指将课程内容设计成沙盘、现场模拟、角色扮演等,让学员参与其中、体验其中,从而取得较好的培训效果,这是一种行动方式改变的课程内容美化。比如我在讲“领导力提升”课程时就采取了沙盘体验式,让学员先感受再总结,这样能使培训效果更加深入人心。图 6-4 为采取体验式培训内容的课程现场。

6. 对比式

对比式是指将课程内容中涉及的两个事物通过比较的方式进行阐述,如此可以很快地把两个事物的优、缺点显现出来。比如我在进行营销课程讲授时,为了让学员们能够了解销售与营销的区别,就采用了对比式,如表 6-1 所列。

表 6-1 营销与销售的区别

差异项	营销	销售
包含的内容	营销是一个系统,包括:市场调研、市场推广、品牌策划、销售、客户服务等	销售只是营销的一部分
思考的角度	以客户需求为导向,并把如何有效创造客户作为首要任务,这是一种由外而内的思维方式	以固有产品或服务来吸引、寻找客户,这是一种由内而外的思维方式
结果的诉求	让产品好卖,通过营销策划、推广,让销售更简单,甚至不必要	把产品卖好是销售已有的产品,并把现有的产品卖好

7. 涂鸦式

涂鸦式是指课程内容由老师带着学员集体进行涂鸦填制,最后老师的涂鸦形成了讲义,学员的涂鸦则形成了自己的一份课程笔记。这种形式既生动又有趣,不仅增强了学员的参与感,还加深了学员的印象,是一种很棒的课程内容设计方式。

8. A/B 式

A/B 式是指由 A 和 B 两个部分组成的课程内容。一般有三种呈现方式:第一种方式为问题/方案式,即第一部分提出问题作为 A,第二部分把针对这个问题提出的解决方案作为 B;第二种方式为形式/功能式,这种模式常运用于介绍某种仪器设备,第一部分介绍仪器的形式作为 A,第二部分把介绍这种形式有什么功能作为 B;第三种方式为设问/解答式,第一部分提出一个问题作为 A,第二部分把解答作为 B,也可用设问式的自问自答。

9. 导图式

导图式是指将课程内容用思维导图的形式呈现出来,然后带领学员一步步地进行讲解,这种方法系统全面、逻辑清晰、路径明确、深入浅出,能达到抽丝剥茧、柳暗花明的效果,让学员可以系统化地了解某个知识点。比如我在上"卓越营销者特训营"课程时,把如何建立和维护客户关系就分成了六个步骤,用的就是导图式,如图 6-5 所示。

图 6-5 如何建立和维护客户关系的六步骤(导图式)

10. 复合式

复合式是指将以上所介绍的九种方式中的其中两种或两种以上的方式进行组合所形成的课程内容呈现方式。比如"时间式 + A/B 式""时间式 +

案例式”“组件式 + A/B 式”“组件式 + 案例分析式”等，培训师可以随意搭配，目的是让课程内容更加丰富。

6.2 课件 PPT 的制作和美化

6.2.1 课件 PPT 模板选择的注意要素

如今，课件 PPT 的制作变得越来越容易，因为现在是移动互联网时代，知识大爆炸时代，想要做一份 PPT 很简单，只要网上下载一个模板，对其稍做修改就可以形成一个 PPT。但是想要做一份美观、大气、专业、具有导师风范的 PPT 却不容易，因为很多人不明白 PPT 模板选择的要素，很容易弄巧成拙。那么究竟课件 PPT 模板的选择有哪些注意事项呢？我来做一番详细介绍。

(1) 注意匹配背景。我们在选择 PPT 模板时，一定要充分地考虑到课程的主题、参训企业的性质、参训学员的特征以及自身的授课风格，选择适合上述授课背景的 PPT 模板，使整个课件看起来较为匹配。

(2) 注意突出封面。我们在选择 PPT 模板时，封面一定要够突出，能第一眼吸引住学员们的眼球且大气磅礴，让人一看就印象深刻，这样就达到了造势的效果，开了一个好头，有利于后面课程的展示。

(3) 注意板块清晰。我们在选择 PPT 模板时，第三个要注意的方面是板块清晰。板块和板块的衔接即课程章节与章节的衔接。板块清晰既是为了让学员能够很清晰地了解课程章节与章节之间的关系，又是为了让导师能在授课的过程中更方便地进行不同章节的展示。

(4) 注意统一风格。我们在选择 PPT 模板时，第四个要注意的方面是统一风格，即整个 PPT 要保持一样的风格，无论从颜色、版式、图形要素等方面都要保持一致，不要随意进行多个风格的拼凑，避免给人杂乱无章的感觉，这样才显得专业和稳重。

图 6-6　团队建设培训 PPT 课件范本

（图片来源：https://www.51miz.com/ppt/tuanduiguanli/134075.html.）

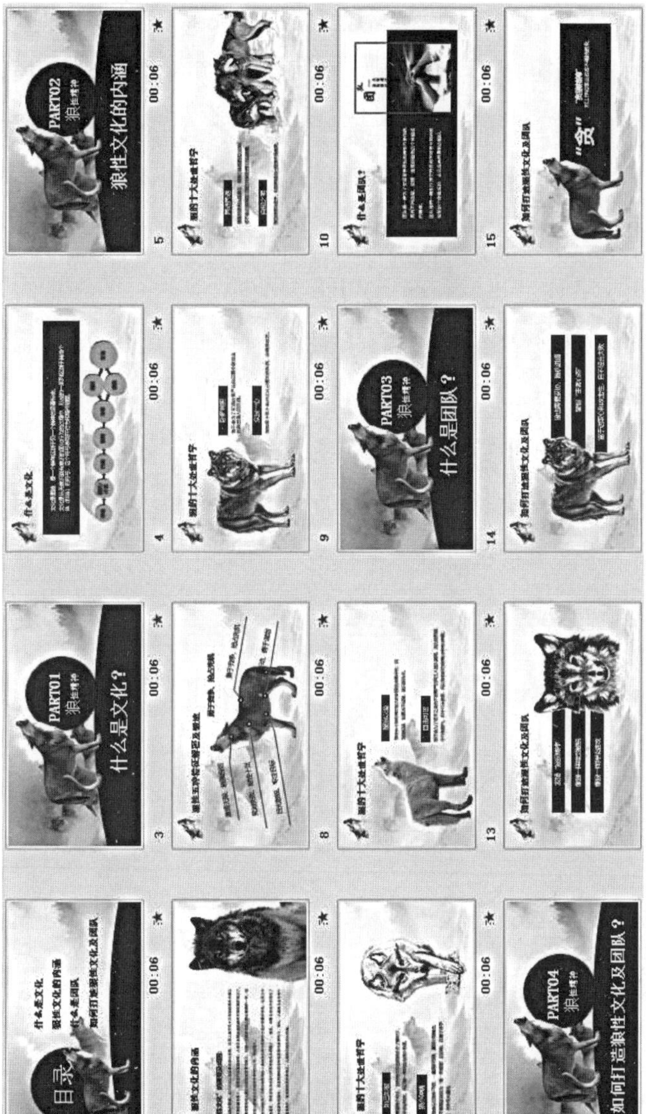

图 6-7　打造金牌团队课件 PPT 参考范本

（图片来源：https://www.51miz.com/ppt/peixun/254171.html.）

(5) 注意统一色调。我们在选择 PPT 模板时，第五个要注意的方面是统一色调，即整个 PPT 的色系要保持一致，不可五颜六色，缺少主色调。一般来说，色调宜尽量与参训企业的企业色保持一致，当参训企业无企业色时，培训师可以基于自己的授课风格给自身确立一个个人品牌色系并长期使用，有利于个人品牌的建立。

(6) 注意统一字体。我们在选择 PPT 模板时，第六个要注意的方面是统一字体，这个是我们在制作课件时最容易忽视的地方。字体不统一会让 PPT 看起来混乱，进而影响学员对课程和培训师专业性的认可。

以上为培训师选择 PPT 模板的六要素，图 6-6 和图 6-7 为两份 PPT 范本，虽然风格迥然不同，但都符合上述所说的六个注意要素。

当然，从网上下载模板只是制作课件的一种便捷方法，在条件允许的情况下，最好还是自己设计专属 PPT 模板。

6.2.2 课件 PPT 的制作

PPT 模板选择并下载或者自己定制化设计好之后，就可以开始制作课件 PPT 了。课件 PPT 的制作步骤如图 6-8 所示。

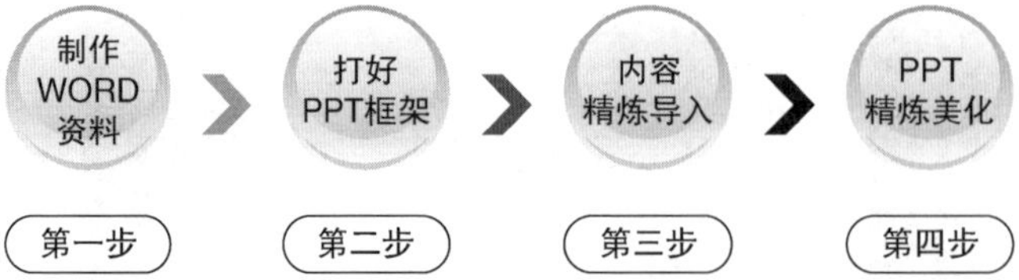

图 6-8　课件 PPT 制作步骤

1. 制作 WORD 资料

WORD 资料一般来说有四个来源：第一个来源为我们所整理的笔记，即自己平时工作中相关经验的记录；第二个来源为我们所阅读的书籍，比如自己所研究的专业领域内的相关书籍；第三个来源为我们所查阅的资料，即从网上或其他途径查到的与自己所讲课程相关的一系列资料；第四个来源为我们所学习的课程，即为了提升自己的各方面能力而参加的各类课程。在此步骤中，我们追求的是资料越全面越好，但是要保证逻辑清晰，章节层次分明。

2. 打好 PPT 框架

在此步骤中，我们需要对所挑选的 PPT 模板进行框架梳理。具体的梳理步骤如下：

(1) 做好封面，即将封面根据培训主题进行规范；

(2) 设计前言，即开课前的互动内容，由此来引出要讲的课程内容；

(3) 完善目录，即根据自己所要讲的课程框架做好 PPT 目录页；

(4) 隔出板块，即根据所要讲的章节，将板块隔出来；

(5) 规范标题，即将各级标题根据 WORD 资料进行整理，并规范字号；

(6) 复制子页，即将每一个板块下的子页复制出来。最后不要忘记总结和感谢页，在课件 PPT 中一般用导师寄语、书籍推荐、学习平台推荐或课程推荐作为结尾，要注意软植入，不可太明显有广告嫌疑。

3. 内容精炼导入

在这个步骤中，我们要将 WORD 内容进行精炼，不能直接以大篇幅的文字放入 PPT 框架中。一般从整体上来说，我们要符合逻辑关系，所有 PPT 入框，包括开场、正文和结尾；从局部来说，每张 PPT 要符合课程内容美化十式（详见“6.1 课程内容的美化”中相关内容）；从细节上来说，我们要将文字精练断句。比如在商务礼仪课程中，不要用大篇幅的文字来进行展示，而是将仪表篇的协调重点分成了五个方面，并且图文并茂，如图 6-9 所示。

4. PPT 精炼美化

进行 PPT 美化之前要注意几个要点：文不如字、字不如表、表不如图、图不如景、景不如情。文不如字：将大篇幅的文章变成小篇幅的文字，文字要具有总结性，扩充的内容由培训师进行发散性讲解即可；字不如表：将能用表格来表达的文字，尽量都采用表格形式；表不如图：如果能用图片来表达的尽量用图片表达，一方面会更美观，另一方面，图片更让人印象深刻；图不

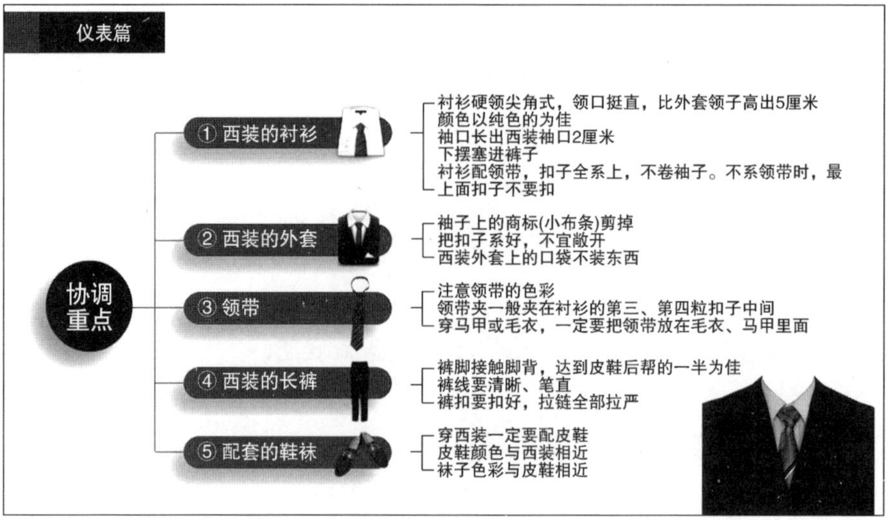

图 6-9 商务礼仪课件节选

(图片来源：https://www.51miz.com/ppt/peixun/153055.html.)

如景：描述一个景象，会让人印象更深刻，PPT 也更美观；景不如情：有景象还是基础，如果能在景象中加入打动人心的情感就效果更佳。所以我们在课件 PPT 制作中常会用视频、音频片段。

课件 PPT 的美化除了常规的 PPT 美化技巧要注意外，还有三个原则要关注：

第一个原则为风格一致原则。即：

(1) 整个课件用一个统一的模板；

(2) 每张 PPT 尽可选用同一类型的结构模式；

(3) 同一级别的标题、字体、字号相同；

(4) 动画等特效要适当并尽量统一动画格式。

第二个原则为以少现多原则。即：

(1) 颜色尽量不要超过三种，且三种要属于同一色系；

(2) 字体不要超过三种，尽量用一种字体；

(3) 层级不要超过三级；

(4) 动画特效不要超过三种。

第三个原则为重点突出原则。比如变字体、加阴影、加下划线、改变颜色、加大字号、加粗、反衬等都可以达到突出重点的效果。

以上为课件 PPT 制作和美化的方法和技巧,希望能够对大家有所帮助。为了能更快地精进自己,大家需要在上述方面多下功夫,不断升级和优化自己的课件。

第三部分

课 程 展 示 Present

第 7 章　形象力的提升

要成为一名优秀的培训师，个人形象非常重要，因为我们的一言一行都在向学员们传递着信息，这些信息包括“专业”“不专业”“有修养”“没修养”“为人师表”“毫无师容”等，所以形象力被称为培训师成长的第七种能力。

在本章中我会从如何塑造专业形象、如何提升语言表达、如何提升讲台风范这三个方面进行讲述，以期对提升个人的形象力有一定帮助。

7.1　如何塑造专业形象

7.1.1　塑造专业形象对培训师的作用

专业形象的塑造对于培训师来说，主要有四大作用。

(1) 提升自我的信心。“人靠衣装马靠鞍”，很多人一定有这样的感觉，每当我们穿着比较讲究的时候，感觉走路都昂首挺胸、自信无比。同理，当我们穿着很职业的时候，在讲台上的感觉也将显得更专业、更自信。

(2) 体现自身的修养。“相由心生”，我们的一颦一笑、一举一动、一言一行都在向外界传递我们自身的修养，当拥有职业的穿着、正向的语言、适合的举止时，这种良好的个人修养会让学员感觉很舒适，也就更愿意主动接近我们。

(3) 体现自身的专业。“腹有诗书气自华”,也可以理解为腹有专业气自华,当我们有着夯实的专业基础时,我们的言行举止中都会有意无意地透出满满的自信,这会让学员更易信服和被吸引。

(4) 营造培训的氛围。“你敬我一尺,我敬你一丈”,当我们无论是从外在穿着,还是从一言一行,抑或是自身专业知识都让学员们备感舒适和信服时,他们会感受到被尊重,自然而然地也会尊重我们这些培训师,从而营造出良好的培训氛围。

7.1.2 培训师形象不专业的表现

通过 7. 1. 1 节我们知道了塑造专业形象对培训师是非常重要的,那么我们应该如何塑造呢？首先有必要了解形象不专业的表现有哪些,一般来说,常见的有如下几种。

(1) 着装不专业。这主要体现在三个方面:第一穿得太随意,比如培训师上课时穿着牛仔裤,甚至是破洞牛仔裤,这会让学员感觉培训师不重视本次培训,也不尊重他们;第二穿得太暴露,比如裙子过短、衣服领口过大或过低等,这会让学员感觉授课的老师很轻浮、不严肃,这甚至有可能成为学员课后的笑谈;第三穿得太另类,比如太空服、五颜六色拼接的服装等,这会让他人感觉你很特立独行,不是一类人,难以接近。

(2) 语言不专业。这主要体现在四个方面:一是方言太重,让学员很难听清楚;二是专业术语太多,让学员很难听懂;三是说话不连贯,断断续续,让学员听着不舒服,有时甚至前言不搭后语;四是讲“荤”段子或说脏话,让学员听着很低俗,这点在男性培训师的身上容易出现。

(3) 内容不熟悉。这主要体现在两个方面:一是只会读 PPT 或读讲义,不能脱稿授课,让学员感觉培训师的专业基础不牢固;二是无法答疑也不敢提问,这会让学员置疑培训师的专业性。

(4) 举止不专业。这主要体现在四个方面:一是话筒握得不专业,或双手紧握让人感觉很紧张，或像在KTV唱歌一样握话筒，表现得过于随意；二是小动作太多，比如抖腿、抱胸、手插裤兜、用手指指人等，会给学员带去很不好的印象；三是站位不合适，比如挡住了投影仪、挡住了白板等；四是培训师对教学设备操作不专业，在课堂上一直摆弄，导致不停出现授课中断的状况，严重影响授课效果。

(5) 攻击相关人士。这主要体现在三个方面：一是攻击同行，说同行的坏话或贬低同行，这会让学员感觉这位培训师没有师德；二是攻击学员，在课堂上直言学员懂得太少或说错了，这会让学员感觉培训师太自大不谦逊；三是攻击他人，比如攻击一些人的言论或事迹，不管培训师个人的观点或结论是否正确，都是负能量的体现，严重影响培训师形象。

7.1.3 培训师塑造专业形象的原则和方法

当我们知道了有哪些形象不专业的表现后，就应该积极塑造良好、专业的形象，可以从原则和方法两方面入手。

1. 培训师塑造专业形象的原则

培训师塑造专业形象的原则有六条，如图7-1所示。

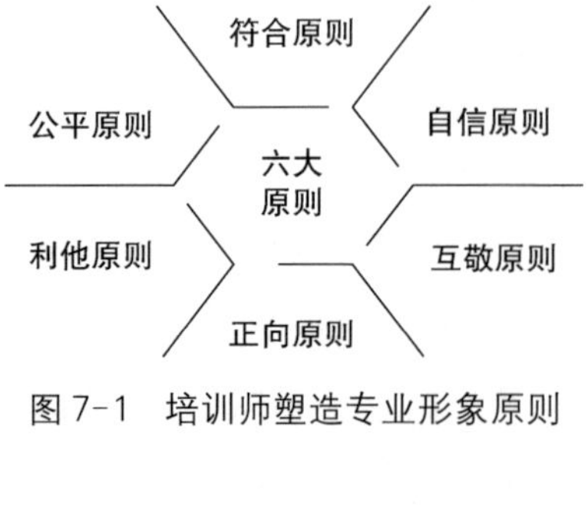

图7-1 培训师塑造专业形象原则

(1) 符合原则，即我们的形象要符合我们所讲的课程背景，要符合我们所培训的企业对象的企业背景，也要符合我们所面对的学员的特色，这样才能给学员留下良好的第一印象。

(2) 自信原则。自信是形象的外衣，拥有自信的培训师一出场即给学员从容自如、气宇不凡的好印象。

(3) 互敬原则，即与学员之间要相互尊重，不可恶语相向，一旦恶语相向，为人师表的形象将不复存在。

(4) 正向原则，即我们所说的话要有正能量，不能有诋毁他人的言语出现。负能量的老师永远不可能在学员面前有好的形象。

(5) 利他原则。我们的一言一行要充分考虑他人的感觉、他人的期待，换位思考，从他人的利益出发。给学员做个表率，树立利他利己的形象。

(6) 公平原则，即我们要公平地对待课堂中的每一个人，包括自己，尤其不能"只准州官放火，不许百姓点灯"。公平公正的形象有利于树立老师的威严。

2. 培训师塑造专业形象的方法

在上述六个原则的基础上，我们提炼出以下五个方法来帮助培训师塑造自身的专业形象。

(1) 着装职业

着装能体现出培训师的职业化和专业化，对于培训师的着装建议如表7-1所列。

表7-1　培训师专业着装建议

着装	男士要求	女士要求	备注
外套	深色系	颜色不限	尽量避免太花哨、太绚丽
衬衣	纯色、长袖	合适搭配	男士尽量避免花衬衫
领带	红色、蓝色基调	丝巾	最好与企业文化一致的颜色
首饰	最好没有	三件以内	女士耳饰以耳钉为主
皮鞋	和外套颜色接近	和外套颜色一致	注意着装上下的协调性
袜子	比外套颜色深	和外套颜色一致	男士避免白袜子；女士避免袜子破洞的尴尬，有备用袜

(2) 练习语言

前述提及了语言不专业对培训师的形象影响很大，因此为了避免出现这一问题,我们可以通过以下几个方法来进行语言练习:①通过阅读和听新闻跟着模仿来提升自己的普通话水平;②对专业术语进行拆解,转化为通俗易懂的语言,同时附上案例进行说明;③进行语言的逻辑性练习,多用“因为……所以……”“之所以……是因为……”“首先……其次……再次……最后……”等来进行逻辑呈现;④选择性地多听生活中的正向语言,并有意识地进行积累,以树立自己正能量的形象。详细的语言表达提升方法见本书“7.2 如何提升语言表达”。

(3) 思维导图

在开课前将自己的课程内容用思维导图的方式展示出来,无论是用矩阵图还是鱼骨图,或是层级图等都可以,总之通过这张图能让我们对自己的课程了如指掌,这样才能保证在上课时做到从容淡定、胸有成竹。

(4) 提升台风

作为培训师,讲台风范很重要。收腹、挺胸、抬头,要精神抖擞,不可弯腰弓背,站立时双脚要靠近,双脚间的距离一定要窄于肩宽且目视学员,并且全身肌肉保持紧张,给人站如松的感觉。同时,还要注意手的姿势,比如手的活动范围为高不过头、低不过肩;手的形状也很有讲究,手指内向弯曲,避免伸直食指,手不要经常握成拳头,会让人感觉你很紧张,手臂也要保持弯曲,不要伸直,不然会显得很僵硬;握话筒时,手一般握在话筒的下半部分,尽量单手持话筒,当然用耳麦式话筒更佳。同时,还要注意讲课时不要背对着学员,这就要求我们对课程内容很熟练,不看 PPT 亦能讲解,而且我们在写白板时也要保持 45°角,时常与学员有眼神交流。教具的演示也要注意一些细节,比如要站在幻灯的光线旁边,不要挡住光线;不要胡乱翻找 PPT,需要找某页时用视图的方式查找,也不要经常开关 PPT;要用指示笔指向投影布,不要用手去指,更不要把指示笔晃到学员的眼睛;音频和视频文件要做好超级链接并事先确认能正常播放;游戏道具要提前准备好等。做到以上这些,培训师的讲台风范能得到大幅提升。当然,这只是基础,具体提升方法在本书“7.3如何提升讲台风范”中还会详细讲解,不过万千方法都抵不过“自信”，所以大家要把重心放在提升自信力上。

(5) 提高涵养

关于涵养的提升，一句俗话说得好：“上等人人捧人，中等人人挤人，下等人人踩人。”如果想把自己变成上等人，一定要学会去欣赏人、赞扬人、推崇人，避免贬低人、排挤人、践踏人，这样不仅能有助于我们树立良好的导师形象，还能让我们周围的能量场发生巨大的改变。人间正道是沧桑，所有有成就的人一定是正能量的，他们在推崇别人的同时也会受人推崇。

7.2 如何提升语言表达

导师形象力的提升，除了通过塑造专业形象以外，提升语言表达也是必不可少的。所以在本节当中，向大家介绍一下如何提升语言表达。

7.2.1 语言表达的常见误区

(1) 过于冗长：语言太多，不精炼，表达了很久但抓不住主题。

(2) 方言太重：地方口音太重，学员听不懂。

(3) 含糊不清：吐词含糊不清，学员听不清。

(4) 口头禅多：一段话里出现了很多口头禅，成了学员关注的焦点。

7.2.2 语言表达的四大要求

如何提升语言表达呢？我们先看一下发音的四大要求(图 7-2)。

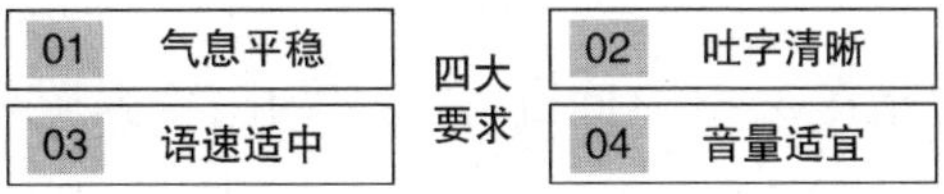

图 7-2 发音的四大要求

(1) 气息平稳

语言表达优不优美，第一大要求是气息平稳，培训师在授课过程中若经常发出紧张的喘气声会让学员感觉不适，只有做到气息平稳才能让学员们感受到培训师的从容自如和专业自信。

(2) 吐字清晰

语言表达的第二大要求是吐字清晰，不能说话含含糊糊让人听不清楚，这样不利于学员们明白培训师所要传授的知识，也会让人感觉该培训师很不专业，至少是在语言表达上不专业。

(3) 语速适中

为了让学员们听课时跟上培训师的节奏，不会感到疲惫，对培训师语言表达的第三大要求是语速适中。培训师语速过快，不仅会让学员难以听懂，无法及时跟上思路，也容易使人对培训质量产生怀疑，认为培训师怯场。当然，培训师讲课时的语速也不能太慢，太慢就显得拉腔拖调，给学员走神的空间，也给人造成该培训师反应迟缓的错觉。

(4) 音量适宜

为了让学员们在听课时能感受到培训师的声音有层次感、自然过渡、主次分明，我们就要对自己的音量进行适当的控制，这是语言表达的第四大要求，一般来说服从“高八低三”原则。发声音量控制对照详见表 7-2。

表 7-2 发声音量控制对照

音量级	声音感觉	效果
9～10	声嘶力竭	强求听众接受观点
7～8	洪亮厚重	权威、生动有趣
5～6	清晰平淡	平静，时间长乏味
3～4	微弱	缺乏可信性
1～2	听不见	胆怯、混乱

“高八低三”是指在 3～8 之间进行抑扬变化：要强调时，提高音量；大部分时间音量处在 5～6 之间；少数情况下，压低音量也会起到强调的作用。

7.2.3 语言表达的八项注意

除了遵循以上四大要求外，还有语言表达的八个注意事项，详见图 7-3。

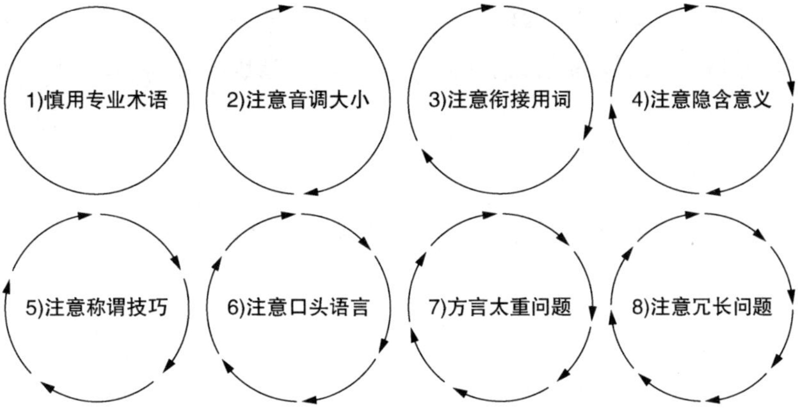

图 7-3 语言表达的八项注意

(1) 慎用专业术语。为了让学员易懂,培训师在授课过程中使用专业术语时应注意深入浅出。

(2) 注意音调大小。音调过低会让学员听不清楚,音调过高又会让学员听得不舒适。所以,音调的大小控制也非常重要。

(3) 注意衔接用词。衔接时尽量少用转折词,可以将转折关系的词换成并列关系的词,比如“同时”“另外”“除此之外”“还有”等。

(4) 注意隐含意义。培训师在授课过程中可以把“希望”改为“相信”,比如:“我希望大家都能认真听讲”改为“我相信大家都能认真听讲”。因为“相信”一词比“希望”一词的隐含意义更能体现出培训师对学员的信任,给予他们更多的信心。

(5) 注意称谓技巧。建议用“我们”称呼学员群体,尽量不要用“你们”,因为用“你们”就从无形中拉开了培训师与学员们的距离。用“您”代替“你”以体现对学员的尊重,我们越尊重学员,学员也会越尊重我们。

(6) 注意口头语言。在上课的过程中,太过口语化会显得没有专业度,尤其是口头禅过多时,有失导师风范。

(7) 方言太重问题。授课时,如果培训师的方言太重,他说的话会让学员听不懂,尤其是在我国,越是南方地区,当地方言越不容易被听懂,当然偶尔穿插一些方言作为调动课程气氛的方式是可以的。

(8) 注意冗长问题。当语言渲染过度或冗长时会让人产生反感,特别是名不符实时。所以,我们在语言表达的过程中要精炼简洁,字字珠玑。

7.2.4 语言表达的提升方法

在清楚了四大要求和八项注意后,大家可以从以下五个方面来提升语言表达。

1. 丹田发声

很多老师上课达两个小时之后,声音开始嘶哑了,喉咙使用过度之后还会导致严重的咽喉疾病,甚至失声,这是因为没有掌握丹田发声的技巧。丹田在哪里呢?请摸到自己的肚脐,肚脐以下两到三个手指的位置就是我们的丹田处。丹田发声的原理为让喉咙成为一个发声的通道,而不是主要的发声器官,否则,会导致喉肌和声带压力过大。会使用丹田发音的人,如一些优秀的主持人,通过经常性的肌肉训练,小腹微鼓,运用全身肌肉尤其是腰背部肌肉来分担喉肌的压力。练习丹田发声有以下几种方法:

(1) 闻花法

假设你正在闻一朵花,深深地吸气,让花香顺着鼻腔往头顶走,持续5秒钟,然后停下来享受花香保持5秒钟,最后再用5秒钟让气息不断下沉,直到丹田。

作用:增加吸气、停留、呼声的时间,以便于更好地通过丹田发音。

切记:用鼻子来吸气,嘴巴全程紧闭,身体保持放松状态,尤其肩膀部分。

每天进行这样的练习,逐步加长吸气、停留、呼气的时间,以增强效果。如果能达到“吸气8秒→保持8秒→呼气8秒”,就很优秀了。

(2) 狗喘气

模仿小狗的喘气方法,由慢到快练习。

作用:锻炼膈肌,增加肺活量,从而使丹田发声能运用自如。

切记:空腹,由慢→快→非常快进行练习,早晚各一次,每次3分钟左右。练习后可能会出现头晕的情况,主要是由于大量的氧气进入到大脑后,身体一时反应不过来,经过两三次练习后,身体适应了,头晕现象就会消失。

(3) 惊讶法

想象我们突然看到了一个意想不到的很久不见的人,你会惊讶地张开嘴,口形如发音“啊”,感觉气入丹田肚子鼓起来了,然后开始说话:“天啊,你怎么也在这里?”

作用:气息快速进入丹田,气息通畅。

切记:口微张,吸气时快而短促,气入丹田。

(4) “资”字法

惊讶张嘴,气入丹田,肚子鼓起来后用舌头抵在上牙与下牙之间,一边呼气,一边吐出“资”字的声音。配合手势从下向上伸更佳。

作用:吐字清晰,丹田发音,延长气息。

切记:感觉气息不够时,肚子向下并往外顶。每天早晚练习 3～5 分钟,一般两个月就养成习惯了。

标准:普通人 25 秒,培训师 35 秒合格,45 秒及以上优秀。

(5) “虹”字法

惊讶张嘴,气入丹田,肚子鼓起后发“虹”字音。

作用:增加声音的立体感和穿透力。

切记:感觉气息不够时,肚子向下并往外顶。每天早晚练习 3～5 分钟,两个月就能养成习惯。

标准:普通人 25 秒,培训师 35 秒合格,45 秒及以上优秀。

(6) 丹田换气

通过朗诵诗文来实现,诗文中每一段开始的时候,我们的口形张大吸气入丹田,肚子鼓起后再进行朗读,这就是丹田换气的技巧。多加练习就会找到感觉。

作用:促进气息与气息之间的转换顺畅。

切记:一定要在每一段开始前吸气,吸入丹田后再进行朗读,段落较长时根据自身气息长度进行平均分配。

2. 声音练习

声音练习包括绕口令练习、阅读练习和演讲练习,相关资料大家可以从网上下载。

作用:提高普通话水平。

切记:声音练习不是一蹴而就的,要持续练习才能起到作用。建议将每天的练习记录下来,前后进行对比,进步会更快。

3. 气息练习

气息练习包括呼吸练习,如吸气、吐气以及腹式呼吸等,也可以进行憋气极限练习,更可以进行一口气阅读练习,关于一口气阅读练习样本可以从网上寻找。

我们平时常用的气息练习小方法有如下几种:

(1) 数葫芦法:深吸一口气后开始数:一个葫芦、两个葫芦、三个葫芦……数到 24 个以上才算合格,中间不得换气。此方法可随时练习,目的是增强气息。

② 414 法:吸气 4 下,停顿 1 下,吐气 4 下,慢吸慢呼。此方法适用于日常修身养性。

③ 144 法:快速吸气 1 下,停顿 4 下,吐气 4 下,快吸慢呼。此方法适用于疲惫生气时缓解负面情绪。

作用:提高对气息的驾驭能力。

切记:气息练习同样不是一蹴而就的,要持续练习才会有效果。建议将气息练习变成一种习惯,空闲时就进行练习。

(4) 化繁为简。化繁为简练习包括断句练习、减句练习,还要进行短语的积累,同时在进行语言表达时要减少修饰语,尽量避免冗长。

作用:提升语言表达的专业度。

切记:短语的使用能避免句子冗长以及过于口语化,所以平时一定要特别重视短语积累。

(5) 巧借东风。我们在授课过程中可以借用权威人士或领导的话,也可以借助成功案例,还可以使用管理学原理,这样能让我们的语言表达更有魅力。比如我们在传授 TTT 课程时就会引用韩愈《师说》中的一句话“师者,所以传道授业解惑也”。

作用:提升语言表达的说服力。

切记:借力能让语言更有说服力,特别是对于新晋培训师而言,所以一定要在生活中多进行案例收集和名人名言积累。

7.3 如何提升讲台风范

形象力的提升除了塑造专业形象、提升语言表达之外,还有一个重要的方面是提升讲台风范。一般歌星、影星要有台风,其实培训师也一样要有台风,即讲台风范。

7.3.1 讲台失范的表现

(1) 表情上的失范:具体表现为表情太过严肃,全程无笑容;或者表情僵硬,没有什么变化;又或者表情太过丰富,让人觉得缺少一定的严肃性。

(2) 眼神上的失范:具体表现为眼神游离、迷茫、缺乏力度、闪烁、乱转、看天花板或者看地板,就是不敢和学员对视。

(3) 站姿上的失范:具体表现为站得很随意,没有收腹挺胸,双脚分得太宽,双手或单手插裤兜里,斜视观众,或者站立时长期面对某个小区域。

(4) 手势上的失范:具体表现为手的姿势不佳,小动作太多,手的移动速度过快或者幅度过大。

(5) 步伐上的失范:具体表现为行走的区域超过规定范围,步速过快,或者背对学员等。

7.3.2 提升讲台风范的原则

在了解了讲台失范的表现后,我们就有了提升讲台风范的方向,原则如下:

第一:自信。自信的人自带光环,熠熠生辉,举手投足间透着大气、谦逊、从容、淡定,所以自信是提升讲台风范的第一原则。

第二:专业。培训师的专业度越高,课程将越系统化,而且既有理论,又能落地,如此一来,更有讲台风范。

第三:适度。所有的东西,适度才是最好的,有的学员喜欢正式一点的课堂,有的学员喜欢活泼一点的课堂,所以培训师要根据学员的喜好合理运用不同的教学方法,展现不同的教学风格,才能更好地体现出讲台风范。

第四:稳重。稳重是培训师讲台风范的基本,说话内容太跳跃或太无厘头时都会让人感觉表达方式不符合培训师身份,如此会影响讲台风范。

7.3.3 讲台风范提升的专业训练

我们要以上述四个原则为基础,从整体上提升自信,少用小动作,动作频率不宜太快,当然动作还是需要有一定的变化,但又不能太夸张,可以从眼神、表情、站姿、手势、步伐五个方面来进行讲台风范的专业训练,如图7-4所示。

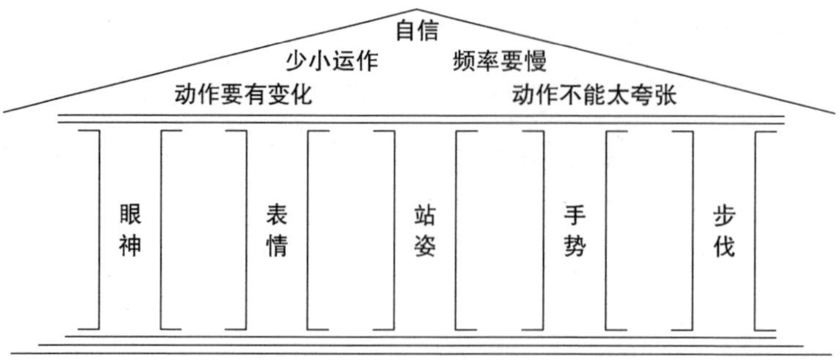

图7-4 讲台风范提升的专业训练

根据图7-4,我们可以看出自信是屋顶,眼神、表情、站姿、手势、步伐是五大支柱,现在我们分别来看看如何进行专业训练。

1. 眼神

眼神的练习分别为定视和动视两种,训练方法如下。

1) 定视练习

训练方法:

(1) 盯住某个固定的"靶子",不要动,不要眨眼睛。

(2) 用力睁大眼睛,仿佛眼球要爆出来一样。

(3) "靶子"由大到小,由面到点,慢慢缩小注意的范围,最后聚焦到一个点。

(4) 保持足够长的时间。

备注:定视练习每次的练习时长在30分钟左右,练习时可能会流泪,此时请坚持下去。

2) 动视练习

训练方法:

竖起右手食指,指尖与眼睛齐平,距离约15厘米,眼睛专注于食指的指甲,使劲盯住,不要离开,接下来做三步动作:

第一步:左右移动(约15秒);

第二步:上下移动(约15秒);

第三步:圆周运动(约15秒)。

备注:三步为一个节拍,每次练习7～10个节拍。

3) 眼神的使用方法

在授课过程中,我们要避免出现以下情况:①只进行了扫视,却没有眼神对接;②只与少数学员眼神交流;③盯着学员的前额或头顶,或只看天花板、地板、投影仪、白板,而不与学员眼神交流。

眼神交流的注意要点:①开场与结尾用环视,目光所到之处即为能量所到之处;②尽量与每位学员都有目光交流;③目光交流的范围应覆盖全场;④目光在每个学员身上应持续 3 秒或持续到一个意图表达完整之后。

2. 表情

表情的训练,主要从两个方面入手:微笑练习和面部肌肉练习。

1) 微笑练习

如图 7-5 所示,微笑练习可参照商务礼仪的练习步骤:

(1) 拿出一支笔或筷子;

(2) 张开嘴巴;

(3) 把笔或筷子平放在嘴里,用牙咬住。

备注:每次坚持练习半小时。

图 7-5　微笑的专业训练

(图片来源:https://www.cqcb.com/hot/2018-04-05/765688.html.)

2) 面部肌肉练习

面部肌肉练习很简单,按照图 7-6,经常动一动,拍一拍,不断变化自己的表情就可以了,做到每一个动作都很放松、很舒适。

3. 站姿

对于培训师的站姿有以下四点要求。

(1) 要求一:双脚并拢

双脚呈立正的姿势,双脚并拢(若课堂氛围比较轻松且要求没那么严格时也可采取双脚与肩同宽),收腹挺胸,给人站如松的感觉。

图 7-6　面部肌肉的专业训练
(图片来源:https://baike.so.com/doc/history/id/152634.)

(2) 要求二:掌心朝上

双手掌心朝上,在一条水平线上端着,位置处于腰部往上一点(男生以皮带为界线,女生以腰带为界线),给人以乐于分享的感觉。

(3) 要求三:面带微笑

微笑是课堂沟通最好的钥匙,在课堂中我们要一直使用,能给人如沐春风的感觉。

(4) 要求四:避免垂手

如果一个培训师在讲课的时候,一只手握着话筒,另外一只手始终垂着,会给学员产生一种这个老师没有准备好的感觉,比较拘谨,有失专业风范。

站姿的专业训练如下:

(1) 收腹、挺胸、抬头,目视观众,全身肌肉保持紧张。

(2) 立定,双脚要靠近,双脚的距离一定要窄于双肩。

(3) 形体要“正”,做到五点一面。五点分别为:脚后跟、小腿腹、臀部、肩部、后脑勺。练习的方法:人站直,背靠墙。

站姿禁忌:含胸驼背、双手抱胸、手插裤兜、不停抖腿。

4. 手势

手势训练有三个原则：

(1) 要多不要少。手指向哪个方向时，要用手掌，而不能用单个手指。

(2) 要曲不要直。无论是整个手臂还是手掌，都要略保持弯曲状，不要伸太直，不然显得太僵硬。

(3) 要同不要异。双手的动作应该协调一致，不要反差太大。

在上述原则的基础上，还可以从以下几方面来进行专业化训练。①指明：五指并拢，指向目标；②沟通：双手前伸，掌心向上；③拒绝：掌心向下，做横扫状；④区分：手掌并拢，做切分状；⑤放大：手掌相对，向外扩展；⑥常用："我""我们""1\2\3""加油""太棒了"等语言，并配上手势。

下面再跟大家介绍几个常用手势：

(1) 翻江

"翻江"是指将手掌心朝上，五个手指微微弯曲，手臂往下低于水平线约45°角。"翻江"用于向近距离的学员发出回答问题的邀请。

(2) 倒海

"倒海"是指将手掌心朝下，五个手指微微弯曲，手臂往下低于水平线约45°角。"倒海"也是用于向近距离的学员发出回答问题的邀请手势。

(3) 劈山

"劈山"是指将手掌心朝上，五个手指微微弯曲，手掌斜伸约45°角，手臂往上高于手臂平放平行线约30°角。"劈山"用于向距离较远的学员发出回答问题的邀请手势。

(4) 买单

"买单"是指模仿买单的姿势，手掌朝向自己，手臂弯曲成90°，手掌迅速朝自己拉过来。此姿势在吸引学员注意时使用，同时配合语言，如"好的，现在大家听我说……"

有3个手势小练习，具体如下：

练习1：小芝麻大宇宙。用手形象地比画出芝麻和宇宙的大小，以增强手势的自然性。

练习 2:哑剧表演。两人一组,一位是 A 角色,一位是 B 角色,其中一个角色选定一个主题后做动作,另一个角色进行模仿,全程不能发出声音,时长控制在 2 分钟。此练习用来增强手势的形象性。

练习 3:分西瓜舞。口中一边念词"一个大西瓜,中间剖一半,一半给爸爸,一半给妈妈,心中乐开花",一边舞蹈。此练习用来增强我们手势的协调性。

5. 步伐

步伐的专业化训练主要从以下四方面进行。

(1) 定点练习

在上课时要有活动范围,不要满场跑,记住:一般来说,培训师授课时的跑动范围跟培训师的知名度成反比。

(2) 定区练习

培训师活动区域主要有两个:一是讲桌后面;二是黄金分割点(靠近讲台正中央的位置为黄金分割点)。

(3) 进退练习

我们在用"身体靠近法"控场(详见本书"11.3 灵活控场的原则及十大方法")或让学员答题时要缓慢前进,让道给学员时则尽量正面后退。

(4) 移动练习

我们在教室内走动时,横向和纵向的移动距离最多为教室宽度或长度的 2/3,特殊情况除外。

第 8 章　演讲力的提升

培训师在授课时，除了要有专业的形象力外，还要有超凡的演讲力，演讲力主要体现在临场上课是否紧张、课程开场是否优美、课程呈现是否精彩、课程结尾是否科学这四方面。所以，本章我主要跟大家分享四个知识点：①如何应对课程临场紧张；②如何进行课程优美开场；③如何实现课程精彩呈现；④如何进行课程科学结尾。

8.1　如何应对课程临场紧张

在培训师正式授课前，面对陌生的环境和学员，甚至有时候还是不太熟练的课程内容，有紧张感是正常的，对部分培训师而言，即使是熟悉的环境和学员以及熟练的课程内容，只要往台前一站，仍会有紧张感。我们很难消除这种紧张感，但是我们可以学习如何应对这种紧张感并克服它，从而使紧张感慢慢消退。

8.1.1　紧张的表现

一般，人在紧张的时候会有如下表现：双腿发抖、手足无措、眼神游离、口干舌燥、心跳加快、面部僵硬、面红耳赤、四肢抖动、头脑空白、思维短路、盼望尽早结束等。

8.1.2 紧张的原因

培训师紧张的原因一般有以下几点：第一，担心自己的课堂表现，比如课程讲得是否专业、逻辑是否清晰等；第二，担心学员的反应，比如学员会不会不喜欢自己的授课风格呢？学员会不会挑刺呢；第三，担心课堂出意外，比如设备会不会出现故障？会不会有人闹场；第四，担心大家不满意，比如学员不满意、参加培训的单位不满意、培训组织单位不满意等。实际上，若我们一直持续紧张，所担心的状况才会更有可能发生，当我们克服了紧张，这些状况反而会较少出现。

8.1.3 应对紧张的方法

根据多年的培训经验，我总结出以下十二个应对紧张的方法。

(1) 心理暗示法

心理暗示法是指在上场授课前就对自己进行正面、积极的心理暗示，暗示自己是最棒的，一切都准备得当，不会出现任何状况，即使出现状况，自己也能很好地应对。

(2) 深度呼吸法

深度呼吸法是指在上场授课前做几次深呼吸，以放松心情、调整气息，达到缓解紧张的目的。

(3) 身体活动法

身体活动法是指上场授课前做一下身体的伸展运动，这样可以达到放松心情、缓解紧张的目的。

(4) 专家造势法

专家造势法是指上场授课时先利用专家的话或介绍自己时用一些专家头衔来引发学员的敬仰之心，从而降低自身的紧张感。

(5) 无人之境法

无人之境法是指在上场时，想象周围无人在场，如此就不必过多地在意自己的表现，这样也能让我们在台前表现得更加自信。

(6) 引起共鸣法

引起共鸣法是指培训师一上场就抛出一个问题，这个问题与在场的学员息息相关，以此引起共鸣，加强与学员的互动，在共鸣和互动中，紧张感很快就会消失。

(7) 转移压力法

转移压力法是指上场授课时采取提问法从而将压力转移至学员的身上，随着学员的参与，我们的紧张感也会很快消失。此法是新晋培训师的最佳入门方法，将问题提前设计好即可。

(8) 启动心锚法

心锚是指让自己兴奋或舒心的一件事情，启动心锚法是指在上场前启动自己的心锚，一想起它便会感觉良好、渐入佳境，状态自然而然就好了。

(9) 专注主题法

专注主题法是指始终围绕着课程主题进行讲解，认真上课，做到“两耳不闻窗外事”，如此也会使紧张感不断降低。

(10) 超量准备法

超量准备法是指尽可能多地准备课程相关资料，一是以备不时之需，二是让自己处于繁忙之中，没有时间去胡思乱想和紧张。

(11) 思维导图法

思维导图法是指培训师在上场前将整堂课的课程框架都能用思维导图的方式画出来，并且深深地印在自己的脑子里，这样就能做到胸有成竹，即便是出现意外状况也能轻松应对。这是克服紧张的最好方法，也是每位卓越的培训师必须要掌握的方法之一。

(12) 持续练习法

持续练习法是指培训师在上场授课前不断地进行演练，练得越多，对课件越熟练，对课程时间的把控也就越准确，这样正式授课时就不会很紧张，而且一上场在短时间内就能迅速克服紧张情绪，这个方法是诸多方法中十分重要的一个,大家应多多练习。

8.1.4 应对紧张的两大妙招

以上是应对紧张的十二个方法,如果以上十二个方法都行不通,还有两个妙招告诉大家,那就是破冰和分组。下面给大家介绍一下这两个妙招的操作细节。

1. 破冰

(1) 破老师与学员之间的冰。一般通过培训师自我介绍和谈谈自己的经验来实现。所以,我们有必要设计一份专属于自己的、有特色的介绍资料。

(2) 破学员与学员之间的冰。一般用人际破冰法和团体游戏法来实现,学员活动的范围越大,效果越明显。

(3) 破学员与主题之间的冰。一般用提问法、故事法、视频播放法、音频播放法来实现,目的是足够吸引学员的注意力,让其迅速进入主题。

(4) 破学员与课程之间的冰。一般用课程框架介绍、纪律要求宣布、奖惩措施宣布、后续行动的计划宣布(如考试、作业等)来实现,以便让学员迅速了解课程安排及上课纪律要求。

总之无论是哪一类破冰,都能起到“借别人之所需,解自我之所急”的作用。

2. 分组

分组的常规方法大家都知道,但是如何让分组变得更有趣是我们作为一名卓越培训师必须要知道的。分组方法有六种:数字法、扑克法、玩偶法、卡片法、自选法和其他。

(1) 数字法

数字法最容易操作,就是让学员进行报数,如果分五个组,则让他们轮流报1～5,所有报到1的为第1组,报到2的为第2组……以此类推。

(2) 扑克法

这个方法是指提前准备好扑克牌,让学员通过抽扑克牌确定自己在哪个组,可以是抽到相同花色的为一组,也可以是抽到相同数字的为一组。

(3) 玩偶法

这个方法需提前准备好不同类别的小玩偶,让学员在课前签到时作为课程小礼品进行挑选领取,选到相同玩偶的学员为一组。在这种方法下,很有可能将相同性格的学员分到一个组,因为喜欢同一类型东西的人,性格相近的概率较大。

(4) 卡片法

这个方法需提前准备好不同类型的卡片,让学员现场抽取,抽到同一类别的卡片为一个组。

(5) 自选法

这个方法是让学员们根据自己的爱好选择组别。

(6) 其他

还有很多方法是可以使用的,比如提前布置法、团队游戏分组法等。

分组之后,我们下一步要做的是选出组长,组长是一个组的关键所在,必须重视。如何挑选组长呢?这边我给大家推荐六种方法。

(1) 民意选举

让全组人员进行民意选举,挑选出他们认为合适的人来做组长,一般会出现两种情况:第一种情况为年纪最小的成了组长;第二种情况为年纪最大的成了组长。

(2) 字母排列

把全组人员的姓名按声母全部罗列出来,根据二十六个字母的顺序进行挑选,最靠前的或最靠后的为组长,声母相同时看韵母。

(3) 抽取纸条

根据全组人员的人数准备纸条,纸条中只有一张写了“组长”字样,其余的为空白或其他字样,让组员进行抓阄,抓到“组长”纸条的人即为组长。

(4) 生日、工龄

把全组人员的生日或工龄数字记下来进行排序,可以选择最大的或最小的任命为组长，出现相同数字时可以再通过“石头剪刀布”或“手掌正反面”来进行挑选。

(5) 衣服穿戴

根据全组人员的穿戴特征来进行挑选，比如穿某色衣服、戴黑框眼镜等，具体的特征选项根据现场观察来确定。

(6) 手机算数

让全组人员将自己的手机号码十一位数进行相加，得出的最大数或最小数者为组长，出现相同数字时可以再通过“石头剪刀布”或“手掌正反面”来进行挑选。

8.1.5 转化紧张小贴士

(1) 询问学员中的“影响力中心”人物，他们的痛点和难点在哪里，拉近与学员之间距离的同时，培训师可以间接优化自己的授课策略。

(2) 询问主管领导，他们的期望在哪里，请教如何展现，以拉近距离、减少意外。

(3) 事先熟悉场地，看看还有哪些地方或内容需要添加或删减的，做到心中有数，上课不慌。

(4) 事先拿到学员名单并熟悉，一开场就能叫出他们的名字，尤其是关键人物的名字，瞬间就能拉近彼此之间的距离。

(5) 培训师学点“魔术、音乐、才艺”等在课堂中适时使用，人气肯定上升。

最后，期待大家都能积极地去应对课程临场紧张情绪，努力克服，以提升自己的临场应变能力，成长为一名卓越的培训师。

8.2 如何进行课程优美开场

一堂课讲得好不好，开场十分重要。根据“三三三”法则，第一个“三”为我们站上讲台时的前三秒钟是否表现得从容淡定、自信满满,这主要取决于我们是否能克服临场紧张,这三秒钟也决定了学员是否愿意听我们讲课;第二个“三”为我们开场的三分钟内容是否吸引眼球、富有感染力,即我将在本节中跟大家分享的“如何进行课程优美开场”,这三分钟决定了学员是否愿意认真听我们后面三十分钟的课程;第三个“三”为我们课程的前三十分钟授课内容是否逻辑清晰、丰富多彩,即我将在本书 8.3 节中跟大家分享的“如何进行课程精彩呈现”,这三十分钟决定了学员是否愿意听完我们所有的课程,甚至持续愿意听我们的课程。

8.2.1 卓越开场白的四个原则

开场是否优美取决于我们针对课程开场白的设计。卓越的开场白设计要遵循四个原则:点题原则、吸引原则、创新原则和互动原则。

(1) 点题原则。一个好的开场白一定要具有点题的作用,即与主题息息相关,不能八竿子打不着,让学员觉得脱节。在这种情况下,即便热闹非凡,也起不到很好的开场效果。

(2) 吸引原则。一个好的开场白一定要吸引人的眼球、吸引人的心境,有引人入胜的效果。这样学员才愿意听我们接下去要讲的内容。

(3) 创新原则。一个好的开场白一定要勇于创新,不要陈旧、缺乏新意,否则很容易让学员形成听觉疲劳。

(4) 互动原则。一个好的开场白一定要能将学员邀请其中,要么是语言的邀请,要么是动作的邀请,最好是情感的邀请,这样的开场白才富有生命力、吸引力。

8.2.2 卓越开场白的十种常见方法

以上是卓越开场白的四个原则,在这四个原则的基础上 ,还有十种常见的开场白方法。

1. 提问法

通过一个或多个问题来进行开场，这种方式互动性较强，且能取得很好的开场效果，但是在使用的过程中有以下几个注意事项：

(1) 一定要是与主题相关的问题；

(2) 要提简单的问题，以利于获得学员的回应；

(3) 最好使用封闭式的问题；

(4) 如果是开放式的问题，最好培训师自己先准备好答案。

我在上"科学创业——探索创业成功的密码"课程时，采取的开场方法就是提问法。我首先问学员"大家认为创业容易吗？"(此问题是一个封闭式的问题，很容易回答，一般学员都会回答"不容易")。接着，我的问题是"大家大胆猜测一下创业成功的概率大概是多少呢？"(此问题是一个开放式的问题，因为用了"大胆猜测"这个鼓励，学员也比较积极，一般会争相回答，可能会出现多种答案。最后我再用标准答案来进行收尾)。最后，我再问学员的问题是"大家想不想提高创业成功的概率呢？"(通常学员们基本会回答"想")，"好，本堂课的主要内容是就帮助大家提升创业成功的概率，我将从以下几个方面来进行介绍……"。

以上举例中，使用的就是提问法开场，并且是采取递进式的提问来进行课程开场，通常能起到非常好的开场效果，大家可以借鉴使用。

2. 故事法

通过一个故事来进行开场，这样的开场方式最容易走心，将学员带入到故事情节中，感同身受，是一种非常好的开场方法。但是在使用的过程中有以下几个注意事项：

(1) 故事一定要与课程主题相关；

(2) 故事一定要新颖；

(3) 如果使用的是被经常引用的老故事，一定要有自己的独特见解；

(4) 使用的故事不要有特定立场，尤其是政治、宗教等方面；

(5) 最好的故事是企业中实际发生的故事。

我在上“向着北斗、科学前行——职业引导课程”课程中，采取的开场方法就是故事法，这个故事为西撒哈拉沙漠中一个名叫“比塞尔”的村庄的故事。故事如下：

比塞尔是西撒哈拉沙漠中的一颗明珠，每年有数以万计的旅游者来到这儿。可是在肯莱文发现它之前，那里还是一个封闭而落后的地方。那儿的人没有一个走出过大漠，据说不是他们不愿离开那块贫瘠的土地，而是尝试过很多次都没能走出去。

肯莱文显然不相信这种说法。他用手语向那儿的人问原因，结果每个人的回答都一样：无论向哪个方向走，最后都还是会转回出发的地方。为了证实这种说法，他做了一次试验，从比塞尔村向北走，结果三天半就走了出来。

比塞尔人为什么走不出来呢？肯莱文对此非常纳闷，最后他只得雇一个比塞尔人，让他带路，看看到底是为什么。他俩带了够半个月喝的水，牵了两头峰骆驼，肯莱文收起指南针等现代设备，只拄一根木棍跟在后面。

十天过去了，他们走了大约八百英里的路程，第十一天的早晨，他们果然又回到了比塞尔。这一次肯莱文终于明白了：比塞尔人之所以走不出大漠，是因为他们根本就不认识北斗星。

在一望无际的沙漠里，一个人如果凭着感觉往前走，他会走出许多大小不一的圆圈，最后的足迹十有八九是一把卷尺的形状。比塞尔村处在浩瀚的沙漠中间，方圆上千公里没有一点参照物，若不认识北斗星又没有指南针，想走出沙漠，确实是不可能的。

肯莱文在离开比塞尔时，带了一位叫阿古特尔的青年，就是上次和他合作的人。他告诉这位青年，只要他白天休息，夜晚朝着北面那颗星走，就能走出沙漠。阿古特尔照着去做，三天之后果然来到了大漠的边缘。阿古特尔因此成为比塞尔的开拓者，他的铜像被竖立在小城的中央。铜像的底座上刻着一行字：新生活是从选定方向开始的。

以上案例中，使用的就是故事法开场。通过这个故事想告诉学员们职业方向，即职业目标是何等重要，从而引出职业引导课程主题内容。

3. 引经据典法

通过引用经典名著中的一句或一段来进行开场，这样的开场方式相较于其他方法更有权威性。但是在使用的过程中有以下几个注意事项：

(1) 一定要是与课程主题相关的经典语句；

(2) 经典语句一定要是充满正能量的；

(3) 经典语句一定要自己很熟悉；

(4) 经典语句一定要选择合适的、听者会信服的言论，当然企业高层领导与主管的名言也能使用。

我在上“卓越营销——如何分析客户”课程中，所采取的开场方法是引经据典法。《孙子·谋攻篇》中说：“知己知彼，百战不殆；不知彼而知己，一胜一负；不知彼，不知己，每战必殆。”意思是说，在军事纷争中，既了解敌人，又了解自己，百战都不会失败；不了解敌人而只了解自己，胜败的可能性各占一半；既不了解敌人，又不了解自己，那只有每战必败的份儿了。由此可见，我们要想做好营销工作，必须要先了解客户的情况，所以今天我们就来一起探讨一下如何分析客户。

以上案例中，使用的就是引经据典法开场。通过对名著中与课程主题相关的名句的引用，让学员在课题之初就能对客户分析的重要性在感性上有认同感，从而更加愿意认真听课。

4. 数据列举法

通过一组数据来进行课程开场，这样的方式很有震撼力，说服性也极强，但是在使用的过程中要注意以下几点：

(1) 数据必须与课程主题相关；

(2) 数据一定要真实有效；

(3) 数据一定要简单易懂；

(4) 数据一定要有冲击感，可以引起学员的专注，使其主动投入课程内容。

我在上“时间管理”课程时,所采取的开场方法就是数据列举法,如图8-1所示。

按80岁计算,29 200天,扣除前后各20年,
你一生的黄金时间就是40年
睡觉每天8小时,40年中大约花掉11.68万小时,约13年
一日三餐每日约2.5小时,40年大约花掉4年
交通时间每天约1.5小时,40年花掉约2.5年
电话聊天每天1小时,40年约花1.5年
看电视每天3小时,40年约花掉5年时间
每星期的娱乐时间算下来平均每天3小时,40年花掉5年
每天洗漱、上厕所等约1小时,40年花掉约1.5年
休假按14天/年,加上每天做白日梦、闹情绪、犯错误等约花掉6.5年
最后你还剩下多少时间?

图8-1 人的一生时间消耗情况

以上案例中,使用的就是数据列举法。通过一生时间的计算和展示,让学员从理性上意识到时间的紧迫性,从而主观上更加愿意学习“时间管理”课程。

5. 互动游戏法

通过一个互动游戏来进行开场,这样的方式比较轻松、愉快,互动性也特别强,学员普遍比较喜欢。但是在使用的过程中有以下几点注意事项:

(1) 互动游戏的选择一定要与课程主题相关;

(2) 游戏一定要有较强的互动性,学员参与度较高;

(3) 培训师一定要有控场能力,不能让场面出现意外;

(4) 培训师一定要有总结能力,游戏过后要对游戏的含义进行总结。

我在上“高效沟通”课程时,所采取的开场方法就是互动游戏法,采用的是管理金字塔的沙盘游戏。大家通过游戏从而明白沟通的重要性,并带着游戏中所遇到的问题去认真听课。

6. 案例分析法

通过一个案例来进行开场,这样的方式具备实战性,学员会通过案例而

对自己的工作进行联想,起到很好的开场作用。但是在使用的过程中有以下几个注意事项:

(1) 一定要选择与课程主题相关的案例;

(2) 案例尽量新颖;

(3) 如果是老的案例,一定要有自己的新见解;

(4) 案例一定要经得起推敲。

我在上“营销思维提升”课程时,所采取的开场方法就是案例分析法,通过老奶奶到三个摊位前买橘子的案例来进行开场,让学员从这个案例中去体会什么是营销思维,什么是销售思维,什么是顾问式营销思维。

7. 素材展示法

通过一个素材来进行开场,这样的开场方式具备视觉性、冲击力,能让人印象深刻。但是在使用的过程中有以下几点注意事项:

(1) 用于开场的素材包括道具、视频、音频、图片等;

(2) 素材一定要与课程主题相关;

(3) 素材展示法一般要与其他方法结合使用,最常搭配的是提问法;

(4) 培训师要有一定的控场能力。

我在上“商务谈判”课程时,所采取的开场方法就是素材展示法,在上课时放的是与谈判相关的视频资料,让学员一边看视频,一边设想如果自己是参与谈判的一员该如何应对这种情况。

8. 投票选择法

通过投票选择法来进行开场,这样的方式很活跃,并且有参与感,很容易与学员打成一片。但是在使用的过程中有以下几点注意事项:

(1) 一定要是与课程主题相关的投票主题;

(2) 预先准备几种不同的选择或情景;

(3) 采取易操作的投票方式;

(4) 培训师要有一定的控场能力。

我在上“演讲力提升”课程时,采取的开场方法就是投票选择法,给出两种演讲的情形，让学员们进行投票选择。然后再根据结果来进行分析讲解。

9. 引发好奇法

通过一个能引发学员好奇心的亮点来进行开场，这样的方式很吸引人，让学员也更愿意听后续的课程内容，但是在使用的过程中有以下几点注意事项：

(1) 亮点一定要与课程主题相关；

(2) 亮点一定要是受众感兴趣的内容；

(3) 适合前后呼应，即开场先卖个关子，课程中进行讲解；

(4) 培训师要风趣幽默。

我在上"如何激发自身潜能"课程时，采取的开场方法就是引发好奇法。比如，我会问学员："大家知道，我们一分钟双手击掌能击多少下吗？"学员们对此一定很好奇，然后就让他们亲自尝试。尝试过后，我再提问："你们知道我们最大的潜力能拍多少下吗？"如此不断地提出问题引发学员的好奇心，引导学员进行各种尝试，激发他们的无限潜能。

10. 包罗万象法

将多种方法组合在一起进行开场，这样的方式很丰满，让学员感觉到专业而富有魅力。但是在使用的过程中有以下几点注意事项：

(1) 无论如何组合，都要与课程主题相关；

(2) 努力设计自己的专属开场白；

(3) 培训师一定要有丰富的阅历。

我在上"全方位营销技巧提升"课程时，采取的开场方法就是包罗万象法，通过"故事法 + 提问法 + 投票法"相结合，让学员不仅能从开场中了解我的职业生涯，而且能从中体会到如何去进行自我营销。之后，自然而然地带出全方位营销的十九种技巧。

以上为如何进行课程优美开场的十种方法，大家可以根据自己的授课风格、课程内容、学员背景、培训组织的要求等来选择适合自己的开场方法。

8.2.3 万能开场模式

在我们步入培训师行列之初，还不能完全熟练地运用以上所介绍的十种开场方法时，我们可以根据“培训师的万能开场模式”来进行自己的开场设计，详见表8-1。

表8-1 万能开场模式

步骤	话术	备注
第一步：向全体学员问好	亲爱的各位伙伴，大家当下好！ （“好，很好，非常好，越来越好！”）	在气氛要求热烈的课堂，可以约定答复标准模式，如括号中示例
第二步：感谢关键人物	非常感谢××总对本次培训的高度关注和鼎力支持，让我们把掌声送给他/她；也非常感谢我们××经理及团队小伙伴对本次培训的精心安排和全心付出，让我们也把掌声送给他们；最后请大家把掌声送给爱学习的自己	1. 拉近距离，烘托气氛； 2. 培训师应该引导鼓掌； 3. 感谢关键人物时要符合“由尊到卑”的顺序
第三步：提问引出主题	Q1：大家认为性格对于我们每个人来说重要吗？认为重要的请举手！ Q2：那团队的组建要不要考量每个成员的性格呢？认为要的请举手！ Q3：性格研究有很多工具，有听过“九型人格”的请举手示意一下！ ……所以，我们今天一起探讨的主题是“九型人格与团队建设”	1. 调动学员气氛，激发学习兴趣； 2. 用2～3个封闭式的问题为佳； 3. 培训师对举手动作做示范； 4. 破学员与主题的冰，引出主题
第四步：介绍自我背景	我叫×××，这是我的个人简介，我研究九型人格已经×年了，起初是出于对“性格决定命运”这句话的好奇，后来广泛地将其运用在我的工作中，比如市场营销、领导力提升、团队组建等方面，发现效果太神奇了，于是我又把它们总结成课件跟大众分享，现在已经……	1. 自我介绍，破学员与老师的冰； 2. 自我推销，赢得学员的信任和尊敬； 3. 承上启下，引出自己的课程结构安排
第五步：简述课程安排	今天，我也想将这份神奇带给在座的各位，我将从以下几个方面来展开今天的课程，这样的逻辑顺序，大家认同吗？	破学员与课程的冰，让大家对整堂课程安排有全方位的了解
第六步：互动结束开场	都准备好了吗？现在就让我们一起抱着空杯的心态进入今天的课程	再次统一与学员的战线进入正题

通过表 8-1,我们可以看出培训师的万能开场模式有六个步骤,我们使用的具体开场方法是用在第三步、第四步中,建议培训师们至少要准备三种方法放入该模式中进行练习,以备不时之需。当我们驾轻就熟时就可以不局限于此模式,但对于初级培训师而言,刚开始尝试时还是以规范化完成目标为首要任务。

8.3 如何进行课程精彩呈现

8.3.1 课程不精彩的几种情况

当课程有了好的开场之后,接下来就是如何将课程精彩地呈现出来。一般课程不够精彩主要表现在以下四个方面:

(1) 课程内容在论证上存在问题,逻辑不通;

(2) 授课时不够投入,不够打动人;

(3) 整个培训没有新意,内容不够吸引人;

(4) 培训没有落地效果,未产生价值。

8.3.2 课程精彩呈现的四大法宝

为了避免以上情况的出现,这里为大家介绍四大法宝:以理服人、以情动人、以新吸人和以导达人。

1. 以理服人

要做到课程呈现时能以理服人,必须观点明确、论据充分、论证符合逻辑,即 A 论点(Argument)、G 论据(Grounds)、C 结论(Conclusion)要合理组合且有凭有据,下面举例说明不同的组合方式。

1) AGC 模式

逻辑模式:观点—论据—结论

观点:销售人员应该学习产品知识。

论据:第一,掌握产品知识是公司员工的基本职责,这是公司制度规定的;第二,掌握产品知识能够增加对公司产品的认同感,从而增加对产品的信心;第三,掌握产品知识能够帮助销售人员更加详细地向客户介绍产品,从而提高销售额。

结论:销售人员应该掌握产品知识。

2) AG 模式

逻辑模式:观点—论据

观点:每一个卓越的企业都重视学习。

论据:第一,学习力才是企业最大的核心竞争力;第二,持续学习才是企业文化沉淀的法宝;第三,精益求精地学习才能持续降本增效;第四,团队新老传承才能让企业长足发展;第五,学习能推动企业与时俱进,基业长青。

3) GC 模式

逻辑模式:论据—结论

论据:第一,培训师的形象塑造能体现培训师的修养;第二,培训师的形象塑造能体现培训师的专业;第三,培训师的形象塑造能体现培训师对课程和学员的重视。

结论:培训师的形象塑造非常重要。

以上是不同组合方式的说明,我们会发现无论是哪种模式,论据都非常重要,不可或缺,我们如何去收集论据呢? 论据可以是事实,比如新闻报道的事件;可以是故事,比如听来的故事和自编的故事,但是要特别注意在呈现故事时一定要绘声绘色、抑扬顿挫;可以是说明,比如权威的说明,也可以是产品说明书,引用这些会具有说服力;可以是释义,比如规范的、公认的释义,名词解释就属于这一类型;可以是统计数字,尤其是公开发布的统计数据很具有说服力;可以是名人名言,比如某位权威人士的话,从而增加可信度;可以是经典著作,但是引用经典著作需指明出处;可以是逸闻趣事,虽然这类趣事大多真实性有待考证,但是可以活跃课程气氛;可以是示例,示例是指具有示范意义的案例。

2. 以情动人

以情动人是指从情感角度入手进行课程呈现，一般最为有效的教学方法为“故事教学法”，但是有几个注意要点：

（1）要真情自然流露，不要刻意；

（2）要选择合适的故事，与课程主题息息相关；

（3）要注意表述的生动、有趣；

（4）要注意呈现的语气，不能呆板，要抑扬顿挫。

【案例】谁去给猫挂铃铛？

某地的一群老鼠，被一只凶狠无比、善于捕鼠的猫所威胁，非常苦恼。于是，老鼠们群聚一堂，讨论如何解决这个心腹大患。老鼠们颇有自知之明，并没有猎杀猫儿的雄心壮志，只不过想随时探知猫的行踪，早做防范。有只老鼠的提议立刻引来满场的叫好声，它建议在猫的身上挂个铃铛，获得了所有老鼠的一致认可，但是在一片叫好声中，有只老鼠突然问道：“谁去给猫挂铃铛呢？”

以上这个故事可以用在通用管理类课程中，目的是让大家明白执行力的重要性。从上述案例中我们可以知道做事情的三个环节：目标（随时探知猫的行踪）、战略（在猫身上挂个铃铛）、执行（4W1H：Who 谁来做、When 什么时候做、What 做什么、Where 到哪里做、How 怎么做）。从企业运营的角度来看，战略等于做正确的事，运营等于把事做正确。成功的企业需要“用正确的人做正确的事，同时把事做正确才能达到正确的目标”。从重要程度来看，目标占 20%、战略占 30%、执行占 40%、剩余的 10%属于运气，所以贵在执行。柳传志曾说：“执行力就是找会执行的人。”杰克・韦尔奇曾说：“执行力就是企业应消灭妨碍执行的官僚文化。”迈克尔・戴尔曾说：“执行力就是在每一阶段、每一环节都力求完美，切实执行。”

因为以情动人是从情感角度出发来呈现课程，最真实的情感是来自我

们自身的故事。一般来说,作为培训师,一定要会说三类故事:

(1) 我的故事——自身的成长;

(2) 我们的故事——与团队成员的相处,团队的发展;

(3) 我们未来的故事——共同期望实现的愿景。

其中,如何去将自身的故事表达出来呢?曾经有一位 TTT 学员用了一种方法叫“4C 模式讲故事”,逻辑如下:

第一部分:Core Message,故事的主旨或主题,让人明白故事主要陈述什么事件;

第二部分:Conflict,故事情节中的冲突部分,即随着故事的发展,内容情节跌宕起伏,出现冲突点;

第三部分:Climax,冲突之中产生高潮,给出相应的解决方案;

第四部分:Conclusion,整个故事的结尾,描述结局。

该方法逻辑清晰、情节丰富、有头有尾、有价值,大家可以尝试使用。

3. 以新吸人

学员通常喜欢了解未知的知识,这就需要我们不断地去创新,而创新方式可以是主题的创新、名称的创新、案例的创新,也可以是语言的创新,总之要与时俱进,保证创新的持续性。

就拿易中天老师的课来说,课程之所以那么受欢迎,取决于一个字“新”。其一,他有新的角度:三国是大家熟悉的一段历史,但熟悉的都是“正史”,易老师改变了讲“正史”的路线,创新地讲“野史”;其二,他有新的观点:在品三国时,传统的观点是“扬刘贬曹”,而易中天老师刚好相反,用的是“扬曹贬刘”;其三,他的表达方式也很创新,改变了传统教授的“正统形象”,而采用了“戏说”的形式。

4. 以导达人

学员来参加课程,最关键的是想从中有所收获。所以,作为培训师必须做好引导、指导和辅导工作,我们称之为以导达人。

以导达人分九个步骤实施:

（1）课前调查。在授课之前一定要对学员的需求进行调查，准确了解课程需求要点。

（2）课前定制。作为培训师在了解到准确的课程需求要点后，一定要据此进行课程内容的定制，以确保所提供的内容是符合需求的。

（3）课前演练。针对所定制的课程内容，一定要提前进行演练，以确保对课程内容的熟练度。

（4）课中示范。在上课时，作为培训师要对课中所授知识点或工具进行示范，以便于学员掌握。

（5）课中答疑。在上课时，学员肯定会对课程中的内容存在疑惑之处，作为培训师一定要及时进行解答。

（6）课中指导。在上课时，培训师要鼓励学员进行实践和练习，并在实践和练习的过程中给予耐心指导。

（7）课后咨询。课程结束后，作为培训师要打开线上咨询通道，不能拒人于千里之外，课后就不理不睬。

（8）课后监督。为了确保课程效果，作为培训师可以布置相应的作业让学员进行练习并亲自监督作业完成情况。

（9）课后激励。授课完毕后，要对学员进行即时激励和日后长期的鼓励，这样有利于学员学以致用，获得想要的培训效果。

8.3.3 课程精彩呈现的一大绝招——幽默

除了以上四大法宝可以帮助培训师们将课程展现得精彩纷呈外，还有一个妙招可以让大家在课程呈现时锦上添花，那就是用幽默的故事作为论据。前面介绍了 AGC 模式，而我们可以通过将幽默故事作为论据来变成 ASC 模式。幽默笑话故事可以是借鉴的、改编的或原创的，只要做到“意料之外，情理之中”即可，但要做好相应的总结。当然，除了用幽默故事作为论据，我们也可以通过幽默的语言进行课程点缀。

8.3.4 课程精彩呈现的三种常用方法

1. SCQA 法

所谓 SCQA 法，即由 Scene，Conflict，Question，Answer 组成，如图 8-2 所示。

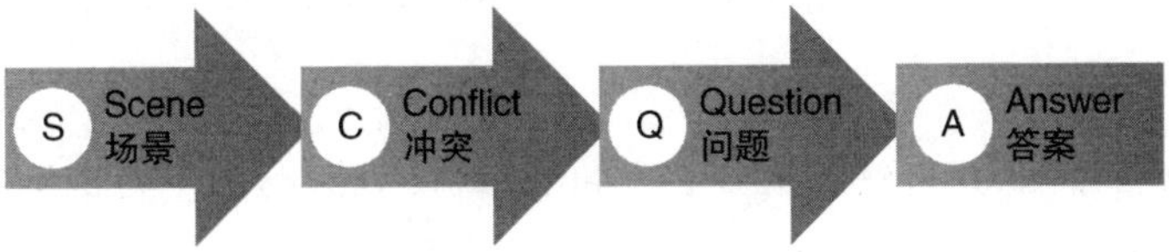

图 8-2 SCQA 法

S 代表 Scene，即情景或场景。描述或引导一个大家较为熟悉的情景或场景，这个情景或场景一定要与我们即将呈现给学员的观点是密切相关的，且要简单、易懂、便于发问。对情景或场景的描述一般不宜太长，控制在两个长句之内较为恰当。

C 代表 Conflict，即冲突。在上述情景或场景中，表现出一个或多个矛盾或冲突，这些矛盾或冲突必须由(最好是仅由)之后的"Answer 答案"来解决。

Q 代表 Question，即引出问题。面对上述情景或场景中出现的矛盾和冲突，该如何解决呢？

A 代表 Answer，即答案，也就是我们最终要给到学员的观点。要想解决上述情景或场景中出现的矛盾和冲突，最好按照我们提前设计的方案(观点)来解决。如果课程时间足够，完全可以采取团队讨论、游戏、视频、角色扮演等教学方法，让学员自主参与并从中找到答案，我们再做最后总结。

【举例】

S：在生活中我们会碰到形形色色的人，不知道大家没有过这样的经历？

C：有的人，虽然他没得罪你，但你就是不喜欢，有种"见一眼就一万年都不想再见"的感觉。

Q:这究竟是为什么呢?大家有过相同的经历吗?来,一起讨论一下。(给学员时间讨论,并鼓励他们上台发言)

A:好,给发言的伙伴们热烈的掌声,现在我们一起来归纳一下,原因有第一,……第二,……第三,……其中最关键的原因是因为彼此的价值观不一样,那么价值观从何而来呢?没错,从性格而来,不同的性格会有不同的价值观。所以,我今天要给大家带来的课题就是性格辨别工具"九型人格"。

2. 三点法

三点法非常简单,就是从三个方面来分析问题,这三个方面的维度可以是:①上、中、下;②前、中、后;③过去、现在、未来;④人、事、物;⑤平行观点1、平行观点2、平行观点3。

【举例】

我们为什么要成为一名培训师呢?过去,我在工作中因为经验不足走了很多弯路。现在,我积极地参与各种技能培训,发现这给我的职业生涯带来了很大帮助,几年之内就晋升到了总监级别。未来,我想把我所总结的经验分享给大家,帮助大家在职业发展中更加顺畅。这就是我想成为一名培训师的原因。

3. 三三三法

"三三三"是指提三个论点,讲三个故事,举三个例子,即所有的论点,一个A论点,讲一个A故事(自己的),举一个A例子(别人的);一个B论点,讲一个B故事(自己的),举一个B例子(别人的);一个C论点,讲一个C故事(自己的),举一个C例子(别人的)。

【举例】

成为一名卓越的培训师有什么好处呢?第一,时间自由。我自从成为一名培训师以来,再也不用朝八晚五坐班了,而是根据自己的时间来安排培训课程,时间完全自由。比如我认识的一位培训师,他每个月只安排十天时间用于授课,其余的时间用来陪伴家人和优化升级课程内容。第二,财务自由。我原来做职业经理时收入基本是固定的且并不太高,但是做了培训师后，根据市场行情，现在一两天的课酬就相当于原来的月薪水，基本实现了财务自由。如我认识的一位培训师，他是教项目管理课程的，年课程量达两百多天，年收入两三百万元。第三，资历越老越受追捧，原来我做职业经理时一直担心被年轻人所代替，因为他们年轻有活力，收入要求又不高，我随时有被替代的风险，但是自从做了培训师之后，我发现教课时间越长，资历越老，越受欢迎，课酬越高。如我认识的行业内的一位资深的老培训师，现在他的培训课程市场价高达 15 万元一天。

大家有没有发现，当我们用以上三种常用方法去呈现课程时，我们逻辑清晰且能滔滔不绝，非常具有说服力。

以上即为课程精彩呈现的“四大法宝”“一大妙招”和“三种常用方法”，希望能够帮助到各位准培训师们，让大家在课程呈现时更加精彩。

8.4 如何进行课程的科学结尾

一个好的课堂，不仅要优美开场，而且要科学结尾，这样才能有头有尾、丰满充实，切忌有头无尾或虎头蛇尾。

8.4.1 课程科学结尾的原则

(1) 完整性。这是一个基本原则，每一堂课必须要有结尾部分，没有结尾的课程是不完整的。

(2) 总结性。结尾一定要有针对性、有实质性内容，而不是天马行空或一带而过，让学员感觉散而无神。

(3) 吸引性。结尾一定要引人入胜，目的是吸引学员们能再一次听我们的课。

(4) 积极性。好的结尾是积极正面的，不可有负面的信息，这样才能更加体现为人师表的导师风范。

8.4.2 课程科学结尾的方法

(1) 总结回顾法

这种方法是指由培训师带着学员进行课程的总结和回顾。在时间不充足的情况下可以由培训师自己引导总结,在时间充裕的情况下则可以由学员以个人或小组的形式进行总结回顾。

(2) 有奖征答法

这种方法是指由培训师在课前进行问题设计,在课程快结束时使用,也可以由学员设计题目,小组间交叉问答。当然在设置问题的同时,我们可以安排一些奖品作为奖励,以激发学员们的积极性,这样学习的氛围好,学习的效果甚佳。

(3) 展望未来法

这种方法是指培训师可以对未来的发展前景和美好蓝图进行展望,激励学员们对未来充满信心,从而促进学员们努力学习、努力奋斗。

(4) 适当推崇法

这种方法是指我们在课程的结尾部分可以推崇平台,即培训企业或培训组织机构,也可以推崇自己的课程,更可以推崇他人。

(5) 引而不露法

这种方法是指推崇后面的内容或自己的课程,但是不做强推销,只进行软植入,这样不会让学员们反感,甚至可能欣然接受。

(6) 引经据典法

这种方法是指我们可以在课程结尾处引用一些经典名著中的话语或名人名言作为辅证。比如有的培训师会引用德鲁克在其经典著作《卓有成效的管理者》中提到的"管理者是可以培养的,管理者的成长也是可以训练出来的"。所以,我相信大家通过今天的学习和以后的学以致用,一定能成为一名卓越的管理者。

(7) 心得分享法

这种方法是指我们让学员们将学习心得写下来，上台与其他人进行分享或随机分享以作为课程结尾，这也是非常好的结尾方法，这样能使课程内容都跃然于纸上，效果显著。

(8) 促动技术法

这种方法可以在课程结尾部分使用，促动技术教学法在前面章节中有介绍过，是一种互动性非常强的方法，它有一百多种技术，其中常用的有十几种，包括聚焦式会话法、团队共创法、鱼缸会议、世界咖啡、群策群力等，可以根据课程的具体情况进行选择使用。

(9) 应急结尾法

这种方法是我们的一种应急之法，以备出现特殊情况时使用，比如当上课时间快结束了，课程内容还没讲完且无法讲完的时候使用。这里举一个紧急结尾的例子：一位培训师在讲授"管理者的五项技能修炼"课程时，课程结束时间快到了，但他还有最后一项内容没讲完。这时他采取了应急结尾法。"今天我们要讲的主题是'管理者的五项技能修炼'，让我们来共同回忆一下，第一项修炼为科学计划和目标管理；第二项修炼为高效沟通和激励；第三项修炼为科学的授权；第四项修炼为团队协作，现在我们已经讲了前面四项，第五项修炼是全面执行。执行能力是管理者最基本的能力之一，是衡量管理者水平的重要指标之一，同时也是确保前面四项能力得以真正实现的重要保证，因此我们会专门安排时间来给大家做深入的沟通和学习。今天的培训到此结束，谢谢大家。"所以，当我们平时授课时遇到此类情况，也可采取此种应急结尾法。

(10) 排比句式法

这种方法是指以排比句式的形式进行课程的结尾。其实就是四个字：排山倒海，用三个或三个以上的排比句带来气势磅礴的效果。比如我在跟学员们讲"如何提升客户满意度管理"课程时，就用的排比句式："好，伙伴们，今天的课程就到这里，做好客户满意度管理，能让我们的客户忠诚度更高;做好客户满意度管理,能让我们的业绩不断提升;做好客户满意度管理,能让我们的企业品牌更加响亮。让我们在未来的工作中,把客户满意度管理的方法、技巧、工具用进去、融进去,大家说好不好?”

(11) 头脑风暴法

这种方法是指以头脑风暴方法回顾课程内容的形式进行课程结尾。比如说我在跟学员讲授“打造金牌内训师团队”课程时,就用的头脑风暴法,具体如下:

各位老师们,下午好!

非常高兴和大家一起度过了愉快的三天,现在让我们对这三天的内容来做一下回顾和总结,待会等我走到你们面前的时候,请大家说出一个关键词,是你这三天学习中印象最深刻的,但是我们做一个约定,这个关键词必须精简,控制在十个字以内,几个字以内?(10 个!)好,我走到谁面前,谁就站起来回答,说完之后赶紧坐下,紧接着是下一位回答,规则是我走到谁面前就轮到谁说,可以吗?(可以!)大家准备好了吗?(准备好了!)好!开始,我在三天课程中学到的一个重要关键词是:

(自信力的提升),好,自信力的提升!掌声鼓励!

(演讲力的提升),好,演讲力的提升!掌声鼓励!

(教学力的提升),好,教学力的提升!掌声鼓励!

(互动力的提升),好,互动力的提升!掌声鼓励!

(如何提升讲台风范),好,如何提升讲台风范!掌声鼓励!

(如何开发课件),好,如何开发课件!掌声鼓励!

……

伙伴们太棒了,看来这三天咱们收获满满啊,大家愿意把这三天所学运用到工作中去吗?(愿意!)

好,愿意的话,请跟我一起手握拳头给自己打个气“Yes! Yes! Yes!”

今天的课程就到这里,成就梦想,成就你我,让我们一起共同努力,共同创造更美好的明天。

(12) 综合运用法

这种方法是指我们可以从以上十一种方法中选取其中的两种或三种，甚至多种来进行结尾设计，这样的结尾是最有威力的，因为组合拳是最有威力的。

8.4.3 万能结尾模式

当我们还不能完全掌握以上十二种科学结尾方法时，可以先把万能结尾模式用起来，如表 8-2 所列。

表 8-2 万能结尾模式

步骤	话术	备注
第一步：感恩周遭	感恩伙伴们×天的陪伴，感恩组织者给我们创造了这么好的学习环境，感恩……	面带笑容，用眼扫视全场
第二步：回顾要点	×天的时间过得很快，也很充实，咱们主要从以下几个方面展开的探讨和学习，来，大家跟我一起来回顾一下，第一，……第二，……第三，……第四，……其中最重要的是……	配合数数用的手势
第三步：巧用排比	掌握了××，我们就可以……；掌握了××，我们就可以……；掌握了××，我们就可以……	语重心长
第四步：呼吁行动	那我们要不要把这×天之所学运用到工作中去呢？(要)没错，学到不等于得到，学到之后要悟到，悟到之后要用到，不断地用到才能得到，所以大家一定要好好悟，好好用。能不能做到？(能)好，让我们拍桌盟誓，拍三下，然后说"Yes，I can"	声调呈升调跟学员互动并示例最后行动盟誓动作
第五步：感谢收尾	再次感谢大家，今天的课程就到这里，让我们一起共同努力，一起遇见更好的自己	声音放缓，鞠躬致谢

以上是本节内容中我想带给大家的关于科学结尾的四个原则、十二大常用方法以及万能结尾模式，希望能帮到各位初级培训师。

第9章　教学力的提升

在课程展示这个环节中，除了形象力和演讲力非常重要外，我们还要关注一种能力，它叫作“教学力”。一位专业佳、形象好、演讲棒的培训师能把课上好，但却不能确保让每一个组织都认可他、让每一位学员都喜欢他、让每一个目标都实现、让每一个时间都合适。因为不同的组织现状、不同的学员背景、不同的教学目标、不同的时间要求，对于教学方法的选择是不同的，所以“教学力”是本章的重要内容，我将从以下几个方面来跟大家进行介绍：

(1) 如何进行教学方法的匹配；

(2) 如何进行课程板块的衔接；

(3) 如何进行课程的时间管理。

希望通过以上三方面内容的介绍，能够帮助大家提升教学力，在课程展示的过程中游刃有余。

9.1　如何进行教学方法的匹配

9.1.1　准备工作

教学方法的匹配是非常有讲究的，所以每一名优秀的培训师在授课前都会做一项工作，即课前调研，调研的内容包括所培训企业的背景、学员的背景、课程时长的要求、培训目标以及重点要解决哪些问题等，这与本书第二部分“课程开发”中的“4. 2 如何进行课程需求调查”有一定的区别，需求调查的目的是确定课程内容，而课前调研的目的是确定教学方法。

9.1.2 常用教学方法

在教学过程中，常用的教学方法有如下十五种。

1. 普通讲述法

这种方法是传统教学法，PPT 课件或教案上有什么就照着讲什么。此法较为常用，而且在每堂课中都少不了，特别是讲授专业知识部分时大多会用到此法。那么怎样才能做到让普通讲述也能吸引人呢？有以下几个注意要点：

(1) 使用例子或图表来进行讲解；

(2) 使用视觉辅助，比如说关键字用鲜艳的颜色标出或放大等；

(3) 用活动和练习来进行辅助；

(4) 在没有任何活动或练习的辅助下，讲授时间不宜过长。

2. 口诀记忆法

口诀记忆法也是常用的教学方法之一，这是普通讲述法的一种升级，即将所要讲述的内容中的关键字进行组合，并给出一定的规律当作口诀，以帮助学员进行记忆。比如我们常用的目标管理课程中对于目标制定的原则使用的是就是这个方法，如 SMART 目标制定的原则，见图 9-1。

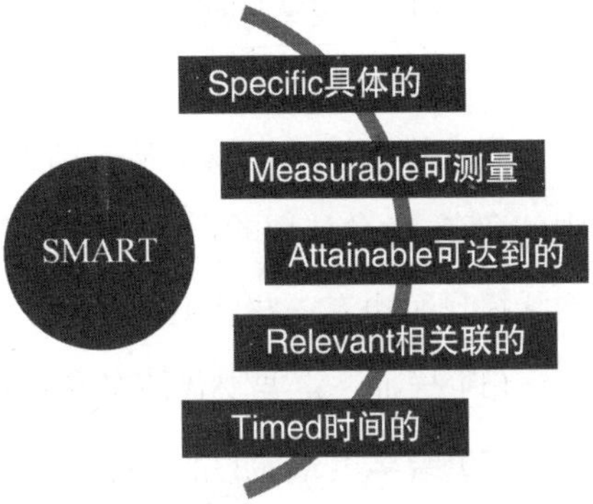

图 9-1 SMART 目标制定原则
(图片来源：https://www.toutiao.com/i6451720319978701325/.)

3. 分组讨论法

分组讨论法是一种非常好的教学方法，也比较常用，因为它能够起到活跃课堂气氛及深化培训效果的作用。在运用这种方法时，也有一些注意细节，具体如下：

(1) 鼓励每一位学员都参与其中；

(2) 尽量避免一两个学员垄断对话并支配讨论；

(3) 要通过有技巧地问相关问题引导讨论并开启开放式讨论；

(4) 对于小组讨论的结果必须做出某种形式的总结。

4. 案例分析法

案例分析法在日常教学中也经常使用，即给出一个案例，由导师带领学员进行分析，一般的流程为学员自己先分析，再由导师进行系统化地讲解。这种教学方法便于学员对所学知识进行深度思考并学以致用。在实际操作时也有一些注意要点：

(1) 一定要提供清晰的指令；

(2) 要提供足够的背景信息；

(3) 强调与教学要点相关的关键原因和变量；

(4) 确保有足够的时间完成；

(5) 因案例分析法非常耗时，所以避免将宝贵的时间花在陈述一些有趣但与主题不相关的事情上。

5. 角色扮演法

角色扮演法是指设定某一场景，里面由多个角色组成，由学员来扮演其中的角色，角色使用的台词可以是提前设定好的，也可以是学员自创的。在实际操作时也有一些注意要点：

(1) 导师一定要交代清楚角色信息；

(2) 给学员充足的准备时间；

(3) 让学员在扮演时可以被其他学员看到，并且声音响亮；

(4) 角色扮演遵守自愿原则，不可强迫。

6. 现场演练法

现场演练法跟角色扮演法有相似之处，但不同之处在于现场演练大部分是根据既定的剧本或资料进行演练的，创造性的东西较少。在实际操作时也有一些注意要点：

(1) 对于难度较高的内容，可以提供生活情境范例进行演练；

(2) 尽可能使用工作情境进行演练；

(3) 如果是难度较大的，可以分段示范和演练；

(4) 尽可能邀请不同的学员进行演练。

7. 资料阅读法

资料阅读法是指在课堂上将提前准备好的资料进行阅读以加深印象或达到其他促进课程效果的目的。资料可以由导师读、学员听，也可以由学员读。在实际操作时也有一些注意要点：

(1) 资料不要太长；

(2) 资料一定要与主题相关。

8. 体验游戏法

体验游戏法是最受学员欢迎的一种教学方法。一般会在三种情况下使用：第一种情况，提神醒脑时使用，比如在下午开场时都会用体验游戏法进行开场；第二种情况，教学体验时使用，比如学会一种方法或工具后，立马运用体验游戏的方法进行加深理解；第三种情况，团队建设时使用，比如在进行室外或室内拓展课程时常采用此方法。在实际操作时也有一些注意要点：

(1) 导师一定要提供清晰的指令；

(2) 要清晰地描述期望的产出；

(3) 要确保有足够的时间完成；

(4) 游戏过后要给予充分的总结。

9. 视听教学法

视听教学法也是非常受学员欢迎的，有很多课程可以通过一边播放视频或音频一边进行深度讲解，这能够引发学员的兴趣进而对所学知识进行深入思考。在实际操作时也有一些注意要点：

(1) 在运用视听教学法时最好用超链接进入；

(2) 提供足够的背景信息以便于学员对视听资料能有所了解；

(3) 在播放前先告知学员视听的要点;

(4) 在播放前先说明后面要讨论的问题以便于后续讨论。

10. 提问教学法

提问教学法很常用,它可以独立存在,也可以跟其他教学方法搭配使用,目的是引发学员的思考,促进培训效果。但是在使用此方法时,对提问技巧要求很高,大家可以在本书第12章“问答力的提升”中进行系统化的学习。

11. 现场观摩法

现场观摩法是指有固定的场景,有固定的人员在进行操作,学员当场观摩和学习。一般在职业技能培训中此方法用得较多,比如Office课程、PPT制作课程等。

12. 头脑风暴法

头脑风暴法是指让学员积极主动地发表自己的看法。在实际操作时也有一些注意要点:

(1) 在开始前要宣布基本原则并确保大家都听清楚了;

(2) 鼓励每位学员都参与其中;

(3) 安排一个或两个专门的记录人员将头脑风暴内容全程记录;

(4) 头脑风暴结束后再引导全员进行讨论;

(5) 提醒学员不可贬低他人的想法,每个人的想法都有意义。

13. 促动技术法

促动的本意是“让事情变得简单,在会议、工作坊这些群体互动过程中,特指促进人们真诚交流、群策群力,达成有效共识与高质量决策的能力”。促动技术是一种有效激发团队智慧、促进群体共识、提升整体执行力的团队管理过程技术,是有效互动、目标一致促进高质量合作的技能。这是一种新型的教学方法,在教学过程中,学员全员参与、积极互动、深度思考、成果满满。在操作时也有一些注意要点:

(1) 流程明确;

(2) 规则清晰;

(3) 时间管控；

(4) 培训师有较强的控场能力。

14. 线上教学法

线上教学法是指通过线上平台或微信群或其他线上组织的方式进行教学的一种方法，由于受众面广，所以分摊成本低，深受热爱学习的学员喜爱。但是由于线上的局限性，没有办法跟学员进行互动，或者直播时不能安排过多的互动环节，所以对于那些被动学习的学员来说效果并不明显。但是由于线上学习可以很好地利用碎片时间以及打破时间、空间的局限，已然成为当今教育培训的一种趋势。在实际操作时也有一些注意要点：

(1) 培训师声音一定要清晰、悦耳，给人听起来有舒服的感觉；

(2) 不可语速太快，以免给学员造成紧迫感；

(3) 线上课程时间不宜太长，以免学员疲惫，影响学习效果。

15. 包罗万象法

包罗万象法是指从以上介绍的方法中选出两种或两种以上进行随意组合的一种方法。这种方法内容丰富，能适应各种学员，但是对培训师的要求比较高，要有丰富的阅历和强大的控场力。

9.1.3 如何进行教学方法的匹配

上述十五种常见的教学方法，每种方法各有千秋。我们在进行教学方法匹配时可以用一个模型来进行选择，这个模型叫"ASK"模型。其中，"A"(Attitude)代表的是针对学员态度转变的培训，执行要点为让学员认同。这部分我们可以采取经验分享、体验证明、利弊分析等方式，适合采取的教学方法有口诀记忆法、分组讨论法、案例分析法、角色扮演法、体验游戏法、视听教学法、提问教学法、头脑风暴法、促动技术法等。"S"(Skill)代表的是针对学员技巧提升的培训，执行要点为让学员熟悉。这部分我们可采取示范与练习的方式，适合采取的教学方法有案例分析法、角色扮演法、现场演练法、体验游戏法、现场观摩法、促动技术法等。"K"(Knowledge)代表的是针对学员知识、理论的提升培训，执行要点为让学员记住所学的知识。这部分我们必须图像化、生动化，适合采取的教学方法有普通讲述法、口诀记忆法、分组讨论法、案例分析法、资料阅读法、体验游戏法、视听教学法、提问教学法、头脑风暴法、促动技术法、线上学习法等。

通过“ASK”模型针对不同培训目标而匹配的教学方法中，我们会发现有三种教学方法是同时兼顾到态度、技巧、知识三个目标的，也是学员最喜欢的，如表9-1所列。

表9-1 教学方法匹配选择

教学方法	教学目标		
	态度(思维变化)	技巧(行为变化)	知识(认知变化)
普通讲述法			√
口诀记忆法	√		√
分组讨论法	√		√
案例分析法	√	√	√
角色扮演法	√	√	
现场演练法		√	
资料阅读法			√
体验游戏法	√	√	√
视听教学法	√		√
提问教学法	√		√
现场观摩法		√	
头脑风暴法	√		√
促动技术法	√	√	√
线上学习法			√
⋮			

如表9-1所示，是不是因为这些教学方法好，我们就经常使用它们呢？原则上是的，但是在实际操作中并非如此，因为我们要同时兼顾到委托培训单位要求的课程目标、课程时长、学员现状等去进行针对性的匹配和课程设计。比如，上述同时兼顾到态度、技巧、知识三个目标的三种教学方法对课程时长的要求特别高，所以不适合短时间课程；对于互动性较强的体验游戏

法，年龄较大或体能不行的学员并不适合；课程目标仅只需对学员的态度、技巧、知识中的一项进行改善的，这三种方法就超出范围，所以我们要合理地选择使用方法。

以上为十五种常用的教学方法，它们各有优劣，没有哪个最好的说法，只有哪个最适合。但想要确保课程的有效性，我们必须在课前进行详细的调研，然后针对性地匹配教学方法。

9.2 如何进行课程板块的衔接

课程讲授得好不好，各板块之间的衔接非常重要。就像开车一样，老驾驶员开车，停走之间过渡自然，不会急停急走，我们坐在里面会感觉很舒服；新驾驶员开车，时快时慢、急走急停，我们坐在里面会感觉很不舒服。我们在上课时，学员的感觉也一样，如果课程板块与板块之间衔接得不到位，过于跳跃，也会让学员晕晕乎乎，不知所措。所以，本节内容我们主要来探讨一下如何进行课程板块的衔接，目的是提升我们的教学力。

9.2.1 课程板块衔接的作用

课程板块衔接的作用主要有三个：第一个作用为体现课程内容的系统化，课程有头有尾、逻辑清晰、重点突出；第二个作用为引导学员方便，不会让学员觉得杂乱无章；第三个作用为让板块过渡顺利，不会突兀和无规律可循。

9.2.2 课程板块衔接的原则

要想课程板块衔接完美应符合三个原则，如图 9-2 所示。

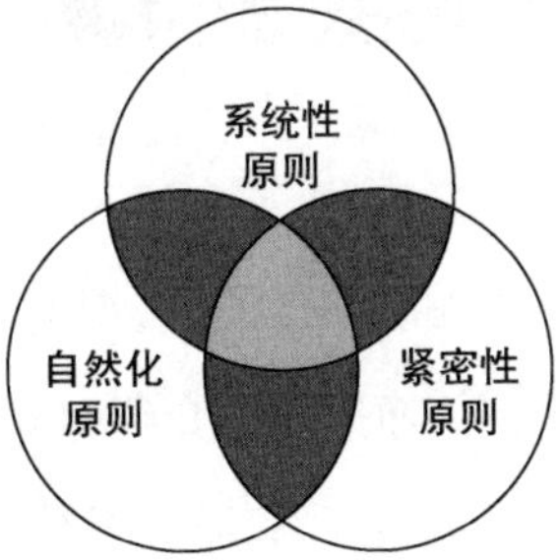

图 9-2 课程板块链接原则

(1) 系统性原则

课程从结构上应符合课前、课中、课后结构，从内容上要逻辑清晰，前后呼应，这样才能体现出课程的系统化。

(2) 紧密性原则

课程的板块与板块之间要衔接紧密，环环相扣，不能一会儿说东，一会儿道西，让学员不知所措。

(3) 自然化原则

课程的板块与板块之间的衔接正如开车一样，启动与刹车，一挡至二挡，二挡至三挡，上坡或下坡，山路或平路，都要让人感觉过渡自然。

9.2.3 课程板块衔接的方法

以上三个原则都兼顾到，方可使课程板块衔接更为科学。在此基础上，我们可以从两个层面来进行课程板块衔接。

(1) 宏观层面的衔接

一堂课在宏观层面由三个部分组成，分别为课前、课中和课后，详见图9-3。

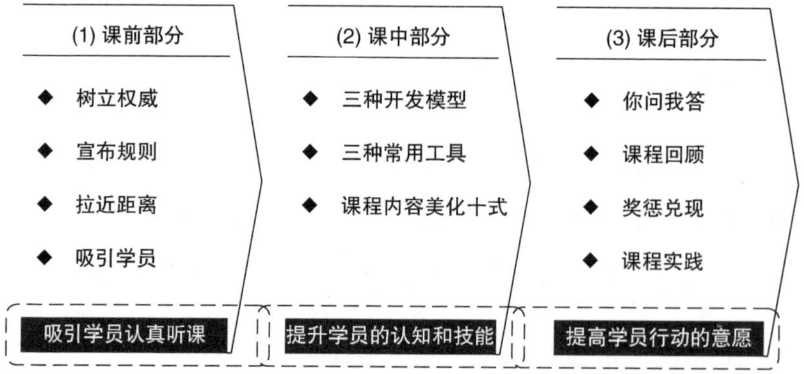

图 9-3 宏观层面课程板块衔接的方法

如图 9-3 所示，课前部分的主要作用为“吸引学员认真听课”，通常需要培训师通过自我介绍树立权威、通过课程要求宣布规则、通过破冰游戏拉近与学员的距离、通过思维导图或引发好奇心来吸引学员；课中部分的主要作用为“提升学员的认知和技能”，通常可以通过前面章节中介绍过的三种课程开发模型进行课程设计、三种常用工具进行课程细化、十种课程美化方式进行课程美化,即可达到提升学员认知和技能的作用;课后部分的主要作用为“提高学员行动的意愿”,通常通过设置提问、课程回顾、奖惩兑现及课程实践来实现。通过这三个部分的环环相扣,课程在宏观层面的衔接就系统且自然了。除了以上课程结构上的宏观衔接,我们还可以采用六大常用方法,即思维导图法、前后呼应法、不断总结法、重复关键法、交叉引用法、关联词语法贯穿于整个课程中。

(2) 微观层面的衔接

一堂好的课,除了在宏观层面要衔接到位,在微观层面也要衔接紧密,微观层面是指我们所传授的每一个知识点都要符合“起”“流”“浸”“透”。在生活中,我们通常会问某人有没有学到某些知识:“吃透了吗?”“透”就是指先往头上浇知识的水,光浇还不成,还要把自己浸在知识的海洋里,这样才能让自己从头到脚每一个细胞都浸透到位。

在课程传授的过程中如何让学员吃透呢? 就是要做到“起”“流”“浸”“透”,如图 9-4 所示。

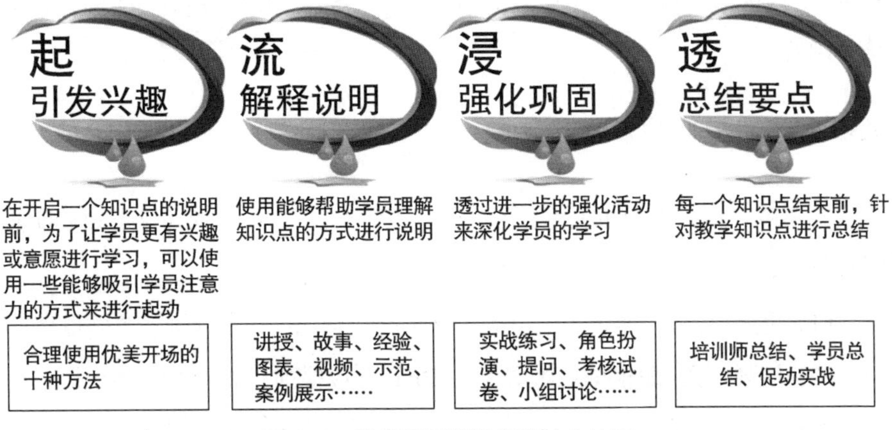

图 9-4　微观层面课程衔接的方法图

“起”的作用为引发兴趣,是指在开启一个知识点的说明前,为了让学员更有兴趣或意愿进行学习,可以使用一些能够吸引学员注意力的方式进行起动,我们可以使用前面章节中介绍过的“优美开场的十种方法”任选其一来进行。

“流”的作用为解释说明,即用能够帮助学员理解知识点的方式进行说明,我们可以通过讲授、故事、经验、图表、视频、示范、案例展示等来进行。

“浸”的作用为强化巩固,即通过实战练习、角色扮演、提问、小组讨论等进一步的强化活动来深化学员的学习。

“透”的作用为总结要点,即每一个知识点结束前,可以通过培训师总结、学员总结、促动实战等针对教学知识点进行总结。

通过以上三个原则、两个层面的方法来进行课程板块衔接,会让我们的课程更加系统、缜密、自然和有效。

9.3 如何进行课程的时间管理

培训师在授课过程中,还有一个难题是必须要克服的,那就是时间管理。因为授课的首要目标就是在规定的时间内完成既定的课程内容,做到有头有尾、松紧一致、重点突出,以确保培训效果,更重要的是帮助大家掌握培训内容。

9.3.1 课程时间控制的原则

要想做好课程的时间管理,先来看一下时间控制的原理,时间控制的原则有三个:

(1) 重点突出,即半天一个重点,一小时一个小重点,十分钟一个微重点。

(2) 松紧一致,即根据思维导图和 PPT 页数提前进行分配,一般来说每一页 PPT 的平均讲解时间为 5 分钟,当然也由每位培训师的风格而定。

(3) 符合浮动,即浮动的时间要预留出来,一般浮动时间为整体的 10% 或 5 分钟,在二者中选数值小的来进行即可。

9.3.2 课程时间管理的方法

在课程时间控制三个原则的基础上,有八个课程时间管理的方法。

(1) 预先设计,反复演练

这个方法是指在上课之前一定要进行预先设计并进行反复演练,以确保课程在规定的时间内完成。乔布斯在每一次苹果新机上市发布会演讲前都要演练两百余次,我们所看到的人前毫不费力,都是人后的竭尽全力,所以提前演练是基本功。

(2) 过程控制,不断优化

这个方法是指在上课的过程中进行控制,比如课间休息时进行教案调整、时间计算及时间优化等。

(3) 判断时间,巧妙借力

这个方法是指在课程进行过程中要时刻判断时间巧妙借力,如可以看一下手表或钟表或问学员,以便掌握时间。

(4) 课程答疑,巧妙控制

这个方法是指在课程进行过程中,合理安排一些答疑环节,这些环节可以根据课程时间自行调节长短,以确保后续课程的顺利进行。

(5) 利用优势,科学结尾

这个方法是指将自己最熟悉、最擅长的课程内容放在课程结尾部分,且该部分内容可以根据自己的时间调节长短,以确保整个课程内容充实丰富、科学结尾。

(6) 紧急结尾,确保大局

这个方法是指无论我们准备得有多充分,都要给自己备用一个紧急结尾的稿子,以备不时之需,尽量避免由于课程没讲完而影响课程效果的情况发生,应急结尾的方法请看本书 8.4.2 节“如何进行课程科学结尾”中的详细介绍。

(7) 善用总结,填满时间

这个方法是指一个好的培训导师要善于做总结,不仅要自己会总结,还要有培养学员做总结的能力,这样才能在课程时间管理时做到可长可短、可进可退、收放自如。特别是当课程内容准备不充分时使用此法,能够于无形中填满培训的时间,稳住大局。

(8) 积累素材,有备无患

这个方法是指为了让课程内容丰富充实,以备不时之需,我们平时要多多积累素材,时刻备用。

通过合理使用以上八个方法,培训师的课程时间管理能力就能得到大大提升。

第四部分

课 程 保 障 Assure

第 10 章　互动力的提升

根据学员的精力曲线(图 10-1),人一天当中的精力饱满度是不一样的,上午九点左右为 90%以上,然后逐渐下降,到中午十二点时跌至 10%左右;下午一点半,精力饱满度回升至 20%左右,接着至三点钟缓慢上升达到下午的峰值 50%左右,然后又开始下降,到下午五点时跌至 10%左右。所以,要想完美地展示一天的课程,再好的课程内容,再专业的培训师,如果没有用互动来刺激以提升学员的精力饱满度,培训效果都将大打折扣,所以在课程保障“Assure”板块中,我们需要提升的第一种能力为互动力。

10.1　为什么要提升互动力

精力曲线(图 10-1)反映了学员在上课中打不起精神、注意力不集中的客观原因,还有一些其他原因也会导致学员在上课中打不起精神,比如培训师授课无新意、缺乏幽默、语言无感染力、授课方式太古板等,更会导致学员对课程不感兴趣,这是造成学员不愿意听课的主观原因。

无论是客观原因还是主观原因,都让我们明白了必须要提升课程的互动力,这样才能让课程更丰富、生动、有趣,让学员能充分吸收课程的精华。

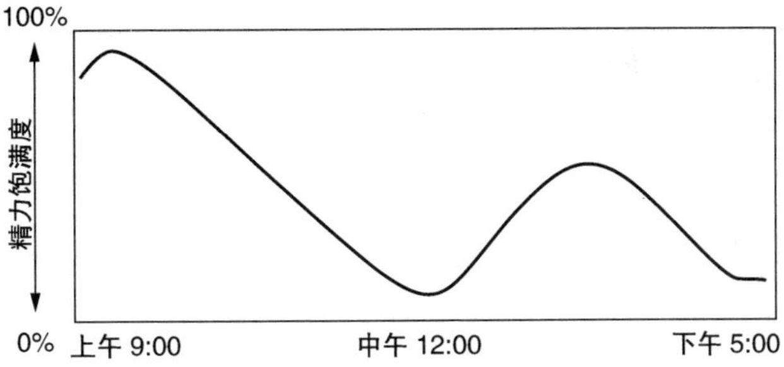

图 10-1　学员精力曲线

10.2　现场缺乏互动的几种表现

课堂上缺乏互动会呈现出以下五种情况：

(1) 培训师唱独角戏,体现在培训师不敢远离讲台,也不关注学员的反应,只顾自己讲课,讲完课就算完成任务。

(2) 课堂气氛沉闷,体现在整个培训现场气氛非常沉闷,学员难以参与其中。

(3) 教学方法单一,体现在培训师的教学方法太单一,学员很快就疲倦了,失去了对课程的兴趣,将精力转移至自己感兴趣的事情上面去了,甚至消积怠课。

(4) 课堂无激励措施,体现在课堂中学员积极回答老师的提问或积极参加相应的互动后,培训师没有采取任何激励措施,比如语言上或行动上的激励等,导致学员们的热情渐渐消退,课堂变得沉闷无趣。

(5) 学员处于消极状态,当大部分学员处于消极状态时,肯定是我们的课程内容没有吸引到学员或课程缺乏互动没能调动起他们的积极性。在这种情况下,我们一定要通过精彩互动和变换教学方式等手段将学员调动至积极状态。学员状态对比如表 10-1 所列。

表 10-1　学员状态对比

积极状态	消极状态
1. 坐在椅子的前半部分	1. 双眼垂视或斜视,不看老师
2. 一直在做笔记	2. 仰靠坐在椅子并跷二郎腿
3. 微笑并积极地点头	3. 双手交叉抱在胸前
4. 手指放在鼻梁上做思考状	4. 摩擦后颈部
5. 双眼与讲师交流对视	5. 把手放在身后
6. 双手托腮,身体前倾	6. 信手涂鸦
7. 十指相对,成尖塔状	7. 下颚肌肉紧张,双唇紧闭
8. 抚摸下巴	8. 身体斜靠,双腿呈交叉状
9. 向后靠着,双手放在脑后	9. 玩手机
……	……

当出现以上五种情况时,就说明课堂现场缺乏互动,培训师需立即进行教学方法的优化,增加或优化互动环节,以促使学员全身心地参与到培训课程中,从而取得理想的培训效果。

10.3　精彩互动的作用和基础

10.3.1　精彩互动的作用

(1) 激发学员的参与积极性。比如当采取游戏参与法、角色扮演法、分组竞争法、剧场演练法、促动技术法、现场奖励法进行互动时,学员的参与积极性会得到大幅度提高。

(2) 营造良好的学习氛围。比如当课堂气氛较为沉闷时,我们添加一些互动环节,会将氛围变得较为活跃。

(3) 丰富培训形式。传统的教学方法因为培训形式单调而影响培训效果,如果在培训中加入恰当的互动方法,将使培训形式变得更加丰富而有吸引力。

(4) 深化培训内容。培训内容光用语言或文字形式很难让学员印象深刻,若用促进交流的互动方法则将有助于学员深度吸收培训的内容。

(5) 获取最佳的培训效果。有互动的培训会激起学员的兴趣,并且让学员愿意全身心参与其中。无论是从培训氛围上,还是从培训内容吸收上都能达到更理想的效果。

10.3.2 精彩互动的基础

精彩互动的基础为营造良好的课堂氛围,主要体现在“动心”“共情”“同行”三方面。详见图 10-2。

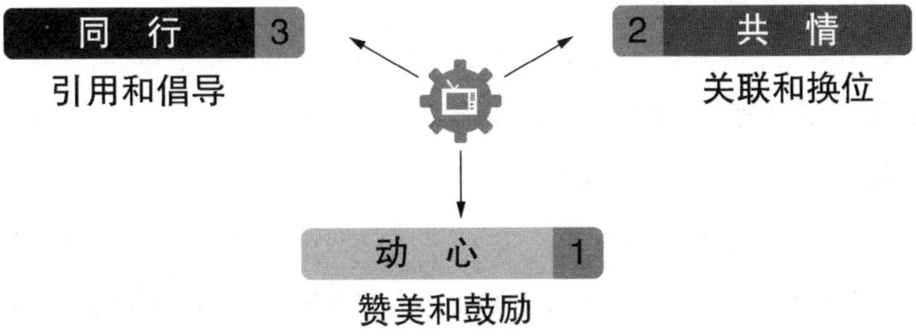

图 10-2 营造良好课堂氛围

根据图 10-2,何为“动心”?“动心”是指通过培训师对学员们的赞美和鼓励,让学员们的心思放在课堂上,从而愿意参加培训;“共情”是指培训师站在换位思考的立场上,采取相应的方式、方法跟学员们产生关联,达到共情的效果,让学员们感觉到培训都是为他们自身好,从而更愿意深度参与其中;“同行”是指培训师通过引用和倡导,带领学员们一起实战和练习,达到同行的效果,让学员们感觉到课程的内容切实有效,可以运用到实际工作和学习中,从而求知若渴,积极参与培训课程并共同维护课堂纪律,形成良好的课堂氛围。

10.4 精彩互动的原则、策略及十六大方法

通过 10.3 节,我们知道了精彩互动的作用和基础,那么如何去实现精彩互动呢?下面我给大家分享一下精彩互动的四大原则、一大策略、十六大方

法和七个等级。

10.4.1 精彩互动的四大原则

(1) 第一个原则:服务主题。所有的互动方法都应该服务于课程主题,而不能偏离主题,喧宾夺主。

(2) 第二个原则:基于学员。所有的互动都应该是基于学员实施的,不然很难达到预期的效果。

(3) 第三个原则:便于掌握。所有的互动方法都要便于掌握,一是便于培训师掌握,不要在操作的过程中因为不熟悉而无法进行下去;二是便于学员掌握,让学员在参与时更加顺畅。

(4) 第四个原则:按需而设。互动虽然对课堂有激发能量、活跃气氛等很多积极的作用,但是不是所有的课堂都需要大量的互动,一是取决于课堂的性质,比如政府性质的、偏正式商务性质等课程就不宜过度互动,最多用问答形式;二是取决于课程时间的长短,有的课程安排本来就已十分紧凑,故无法插入大量的互动;三是取决于接受培训的组织或学员的要求,他们可能会要求直接讲实用内容,无须过多气氛渲染方面的互动。基于此,我们在设置互动环节时需要根据需求来设定,适合的才是最好的。

10.4.2 精彩互动的一大策略

精彩互动的一项策略是“921 策略”。“9”表示大约每 90 分钟让学员休息一次;“2”表示大约每 20 分钟变换一下教学方法;“1”表示大约每 10 分钟让学员参与一次互动活动。

10.4.3 精彩互动的十六大方法

精彩互动的十六个方法如图 10-3 所示。精彩互动的十六种方法跟本书第 9 章教学力的提升中介绍的十五种教学方法有很多相似之处,因为互动本身就属于一种教学方法,但是也有很多方法是专用于互动的,比如语言引导法、运作引导法、道具运用法、分组竞争法、现场测试法、故事讲述法、幽默笑话法、现场奖励法等。

另外，我们要记住，在选用互动方法时，最先考虑的一个因素是时间，虽然时间越久，互动得越深入，但是课程时间是有限的，因此要根据实际情况来进行选择。所以，我们又将互动划分成了七个等级，具体详见 10.4.4 节内容。

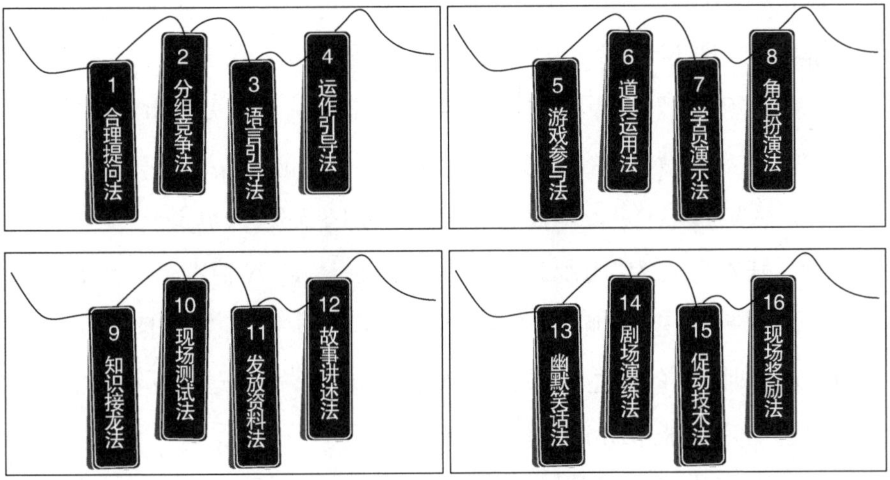

图 10-3　精彩互动的十六大方法

10.4.4　精彩互动的七个等级

根据互动所用的时间长短，我们将互动分成了七个等级，详见图 10-4。

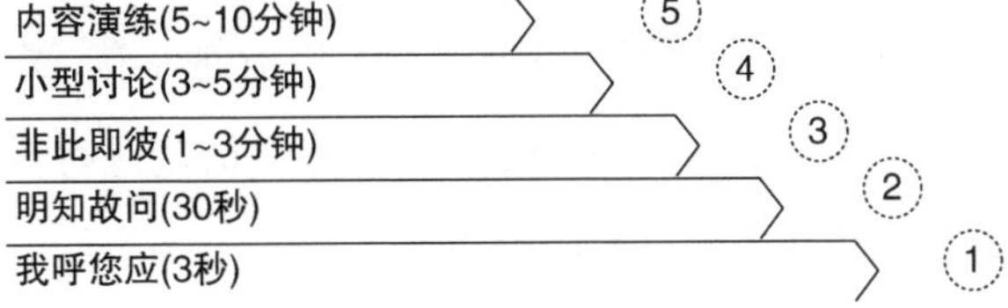

图 10-4　精彩互动等级

(1) 一级互动为“我呼您应”,时间长度约3秒,属于语言引导互动法的一种。“我呼您应”的意思为培训师在看到学员有注意力不集中现象时立刻高声问候大家,学员听到问候时进行规范统一的集体答复。当然这个规定好的问候及答复的台词要在课前互动时提前约定。比如我在上课时就经常采用如下方法,当我看到有学员注意力不集中时,我就会高声问候“Hello”,这时学员们会集中抬头看向我答复“Hi”。

(2) 二级互动为“明知故问”,时间长度约30秒,属于合理提问法的一种。基本句式是“刚刚探讨的某事宜,对于我们大家来说重要吗?”学员们的答复基本是“重要!”,因为我们本身在探讨的就是一个重要的事宜。采用这种互动方法一是活跃课堂的气氛,二是加强学员的记忆。

(3) 三级互动为“非此即彼”,时间长度为1～3分钟,也属于合理提问法的一种。基本句式为“刚刚我们探讨的两种情况,A情况是……B情况是……,哪一种是正确的呢?”“A(B)情况”,学员们一般会这样回答,因为本身就是对培训内容的复述,学员自然很容易回答。采用这种互动方法既能活跃课堂气氛,又能帮助学员加深记忆。

(4) 四级互动为“小型讨论”,时间长度为3～5分钟,是活动互动法的一种。可以针对一个话题让学员自由讨论,讨论过后,培训师再进行总结,这样能让学员体会得更加深刻。

(5) 五级互动为“内容演练”,时间长度为5～10分钟,是角色扮演法的一种。比如针对一个谈判场景,让学员分别扮演甲方和乙方进行演练。这种互动效果会非常好,无论是参与角色的人员还是旁观人员都会留下深刻的印象。

(6) 六级互动为“案例讨论”,时间长度为30分钟左右,属于多种互动方法相结合的一种方法,先发放案例资料,然后让学员们进行探讨,之后让学员们进行演示,当然在演示的过程中可以加入分组竞争,一整套流程走下来用时较长,如果是多个团队,时间将更长。所以在团队太多的情况下,只能针对性地挑选几个团队进行演示,以免时间过久影响课程的整体进程。

(7) 七级互动为“促动技术”。时间长度大于1小时,可以是促动技术法中的任何一种方法。促动技术法是互动性非常强的一种方法,深受学员的欢迎,但是在使用时要特别注意两方面要素,第一个要素为课程时长允许使用此方法;第二个要素为培训师自身的控场能力足够强,因为促动技术法基本上是全员参与,稍有不慎就很难将学员的注意力都吸引过来。

10.4.5 超级大课的互动话术

对于一百人以下的小课,有很多互动方法可以用,但是对于百人以上的大课,一方面人多嘴杂心思多,另一方面受场地限制,互动很难开展,那如何保证不冷场呢? 下面有一些常用的话术推荐给大家。

(1) 高频确认话术。“对不对?”“是不是?”“认不认同?”“好不好?”“能不能?”“可不可以?”……这类话术用在每讲完一个观点或一个知识点之后,会有很好的活跃气氛效果。

(2) 鼓掌暖场话术。“A说得很有道理,来,大家掌声鼓励!”(配合音乐)经常鼓励跟我们互动的人会让这些积极参与的人有成就感,于是旁边的人也会跃跃欲试,让场面更加轻松、活跃。

(3) 举手示意话术。“刚刚这句话非常重要 ,听明白的请举手!”一般来说,大部分学员都会举手,因为一旦不举手就会给其他人造成自己反应慢跟不上节奏的认知。

(4) 树立标杆话术。“我们要不要向成功的企业家们学习呢? 要不要? 一定要,对不对? 向谁学呢? 比如向马云学,向任正非学。还有我们身边很多优秀的企业家们也值得我们去学习,对不对?”在这种情况下,既起到了专家借势的作用,也激发了大家的学习热情。

(5) 适时见证话术。“你看××同学,自从学习了××课程之后学以致用,业绩取得了很大突破。我们为他的学习精神鼓掌!”这样既起到了客户见证的作用,也起到了活跃气氛的作用。

(6) 自问自答话术。“××的作用是什么呢? 没错! 它至少有三个作用:第一个作用……,第二个作用……,第三个作用……,大家认同吗?”这样既起到了总结课程的效果,也起到了互动的作用。

以上为我们在上超级大课时可以采取的精彩互动话术,大家可以根据实际情况加以调整和优化后使用。

本章通过精彩互动的原则与策略、十六大方法、七个等级以及超级大课的互动话术给大家全方位展示了如何去做课程的精彩互动,希望大家通过在授课的过程中灵活使用,让课程精彩纷呈。

第 11 章　控场力的提升

作为培训师，所面临的行业、企业、学员是多种多样的，每一种类型对培训师的要求又都是不同的，特别是对于学员而言。培训师面对的学员和学校里的学生有着本质的区别，学员更具备客户性质，会随时对培训师的授课提出反对意见或不积极配合，这时就需要培训师有强大的控场能力。所以，为了确保整个培训课程的顺利进行，在课程保障“Assure”板块中，我们需要提升的第二种能力为控场力。

11.1　现场失控的常见情景

培训课程在什么情景下是处于失控状态的呢？常见的有以下七种情景。

(1) 培训师在演独角戏。这主要体现在学员听课不在状态，只有培训师一个人在讲，双方之间缺乏互动，没有共鸣。在这种情形下，培训效果是很难体现出来的。

(2) 课堂气氛沉闷或紧张。这主要体现在培训师授课太过平淡、缺少互动，课堂气氛处于一种沉闷的状态或者培训师太过严肃且授课节奏过快，学员会产生紧张感，且学习压力过大。

(3) 学员被分成了两派或多派。这主要体现在培训师提出的一个观点不能被大多数学员认同，甚至引起了两派或多派分歧，最终导致培训师很难总结收场。当然如果是因为课程需要所设计的辩论环节除外。

(4) 培训师无法正确处理问题。这主要体现在现场所发生的异常问题或者学员提出的问题，培训师无法正确处理或解答，从而造成了培训现场的僵局。

(5) 学员出现纠纷或打骂。这主要体现在培训现场因为某些话题引发了学员之间的纠纷，甚至是打骂，特别是在采用“体验游戏教学法”时，由于学员入戏太深，偶尔会导致双方对立，出现不愉快的场面，这时就要求培训师有强大的控场能力。

(6) 培训师被学员“请”下讲台。这主要体现在培训师的课程不受欢迎或者某些言语让学员感到了愤怒，从而拒绝接受该培训师的培训，与其说“请”，不如说“赶”，这种现场失控场面是最可怕的一种。

(7) 培训无法正常进行。这主要体现在两方面，一方面是培训师的原因，即发生了第六种情景；另一方面是培训组织者的原因，由于安排不合理或培训的设施设备出现问题导致的。这两方面问题都有可能导致培训无法正常运行下去。

以上为七种常见的培训课程失控情景，当然还有很多种情景，在此没有一一列出。总之就是现场太沉闷无吸引力或太乱散或太差无法运行的状态。通常，卓越的培训师是不会让这些情况发生的，因为他们大多具备超凡的控场力，当然除了不可抗力或培训组织方的原因导致的以外。下面章节中，我会带领大家一起来提升控场力。

11.2 现场失控的原因

培训现场失控，一般来说是因为以下原因所导致。

(1) 主讲老师控场能力不足。现场失控的首要原因是主讲老师控场能力不足，只要主讲老师有较强的控场能力，基本上就不会让现场出现由于后续的几个原因所导致的现场失控情况,或者说现场失控情况能控制在最小范围内。

(2) 异常情况处理不善。异常情况有很多种,比如培训设备出现故障,投影仪无法正常运行、音响无法正常运行、话筒无法正常运行、电脑无法正常运行等,这些情况的出现会导致培训不能顺利进行下去,所以一定要有两手准备。同时,培训师要对自己上的课胸有成竹,不受任何异常情况的影响,比如当遇到设备出现异常、空调无法正常运行、突然停电等情况时,培训师和组织方要做适当的引导,防止现场混乱;又比如学员提出异议时,培训师和组织方要能分辨异议的根源,清楚哪些异议可以当场解决,哪些不能,而只适合事后处理。

(3) 学员观点差异过大。学员观点差异大的根本原因有两个:第一,培训师提出的观点具有争议性;第二,培训的组织者安排听课的学员层次不合理。不同层次的学员对问题的理解和观点大多是不一样的。

(4) 组织后勤缺乏保障。组织后勤缺乏保障包括很多方面,比如培训时间安排不合理、交通路线不清晰、食宿安排不妥当、培训设备无点检和备份等,所有这些问题的出现都可能导致培训现场失控。

(5) 课程主题不符合需求。这个原因最容易导致培训现场失控,因为学员需要的是 A,培训师提供的是 B,这是非常可怕的,学员很有可能就提前退场或者起哄。所以,培训组织者要非常清楚学员的需求是什么,并且将需求准确地传递给培训师,培训师再根据需求进行针对性的课程设计,在培训组织方跟接受培训的群体进行确认后方可开展培训。

以上为现场失控的五大原因,作为培训师,我们要能识别哪些原因是属于自身的。若想避免或者直接消除掉可能的现场失控,详见下一节内容,即灵活控场的原则及十大方法。

11.3 灵活控场的原则及十大方法

前面探讨了现场失控有哪些情景以及失控的原因,在本节中,我们来解决实际问题:作为培训师究竟如何做到灵活控场?

11.3.1 灵活控场的原则

(1) 第一个原则:树立正确的心态。培训师要告诉自己:学员是战友不是对手。所谓战友就是我们一定不是敌人,我们为了同一个目标站在一起,尽管互相有冲突,但是我们必须求同存异,共同完成本次的目标——保证培训的顺利进行。

(2) 第二个原则:运用战略加战术。我们在战略上要藐视,并告诉自己:①针对培训的主题,我已经按需求进行了调整和优化,所以培训课肯定是符合学员要求的;②这些学员都是很优秀、很上进、很好学的;③大家的目标都是一致的,都是友好的;④我已经做好了充分的准备,就算遇到什么问题,这些问题都是纸老虎。我们在战术上则要重视,让自己做好充分的准备,随时应对各种挑战和意外,锻炼和提升控场技能,在现场充分地展示自己。

(3) 第三个原则:专注于专业提升。我们作为培训师,专业功底深厚会让学员自然而然地产生敬畏之心,所以专业才是王道,大过任何的技巧,我们必须持之以恒地去加强自己的专业知识,在主题不偏离的情况下,这就是控场的法宝。

11.3.2 灵活控场的方法

灵活控场有十个常用方法,我称为“前三后七法”。“前三”是指课程开始前就必须要做的三个控场举措。

(1) 推销自己。在前面章节中有跟大家介绍过,好的培训师必须是好的营销者,因为我们自身就是产品,我们需要传播的知识也是产品。产品要想得到客户的认可,就必须懂得推销自己。而推销自己的关键在于“第一印象”,如果掌握了本书“第7章　形象力的提升”中的方法,就成功实现了推销自己的第一步,能让学员对我们产生天然的好感。

(2) 树立权威。人们通常只会对两类人产生主观信任,一类是自己的亲人，另一类就是某领域的专家。所以，我们必须抓住这种心理，在开课前就树立起自己的专家形象，或用自己非同一般的职业生涯故事去感动他们，从而达到树立权威的效果。当然，特别需要注意的是绝不可用虚假信息。如果我们本身的资历还较浅或者说没有可圈可点的职场经历怎么办呢？我们可以做一个借助权威的动作，也一样能达到树立权威的效果。比如借名，即和一些知名人士“攀亲”，比如“借专业”，即借助和引用某个知名人士说过的话。

(3) 强调规则。如在开课前就给学员们强调相应的课堂规则，鼓励和带领大家严格遵守，同时承诺对于表现优秀者给予奖励或表彰，激发大家遵守规则的自觉性，将起到很好的控场作用。

以上为课程开课前，我们必须采取的三个灵活控场的举措，通过这三个举措能够达到让学员既对我们产生好感，同时又具备敬畏之心的效果，也能有效地避免课程现场人为的失控。

灵活控场十法中的“后七”法是指课程开始后，我们在教学的过程中可以采取的灵活控场的方法，如图 11-1 所示。

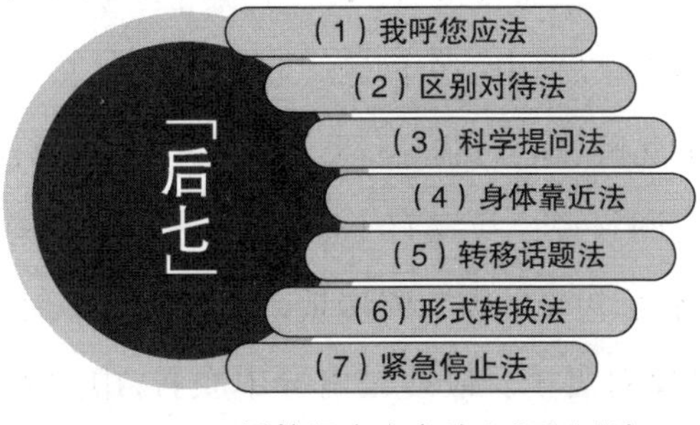

图 11-1　灵活控场十个方法之“后七”法

(1) 我呼您应法。这个方法在本书第 10 章“互动力的提升”中介绍过，它属于一级互动的方法，也属于灵活控制的方法。比如“Hello\Hi；Hello\Yes；大家好\好，很好，非常好，越来越好！”等这些我呼您应的彼此问候，都能起到控场的作用。

(2) 区别对待法。区别对待法是指将持有不同态度的学员进行区别对待。在一个课堂中,学员一般会分为三类:支持者、中立者、反对者。支持者指那些在现场认真听课、认真做笔记、积极参与、积极配合老师互动的学员,他们要么是对课程主题感兴趣,要么是对培训师很尊敬,要么是本身就非常上进好学。总之,他们是培训师的支持者,坚定地站在培训师一边。中立者就像局外人,作为旁观者看待发生的一切,两眼呆滞,心思游离,时不时记笔记,偶尔配合一下互动,仿佛一切跟他们没有太大的关系。反对者是指那些不遵守课堂纪律,不和老师互动,挑战老师,鼓动他人起哄的那一类学员。总之,他们不想让培训顺利进行,可能会引起课程现场的失控。针对这三类学员,我们要采取不同的应对策略:褒奖支持者,挑战反对者,引导中立者。首先是褒奖支持者,目的是要在支持者那里获取更多的信心和支持,让支持者更加积极地支持我们,成为我们的"粉丝"。褒奖的方法有:面带微笑地关注他们,给他们更多的回应、表扬、赞美、鼓掌、激励以及无伤大雅的玩笑。其次是挑战反对者,对于反对者,等到信心足够的时候,在我们最拿手的地方,挑战反对者。因为在培训现场,那些反对者通常是"欺软怕硬"的,一旦培训师展现出了自己的专业性,展现了自己的实力,反对者也会慢慢地接受培训师。挑战的最好方法是提问,比如看到某个学员一直在嘀咕或者跟旁边学员说话时,我们可以提出一个问题:"我刚才讲到了一个主题,看来有位学员有自己不同的见解,那么我们有请这位学员给大家阐述一下。"这时候,学员通常略显尴尬回答说:"我没有不同见解,我和你的意见是一致的。"既然一致了,那还有什么可说的呢?慢慢地,也许他不一定会成为我们的支持者,但至少不再是反对者了。最后是引导中立者,中立者往往脾气不会太差,属于慢热型,我们要想办法多多关注和鼓励他们,让他们对课程的兴趣一步步增加,慢慢地就可将其发展成为支持者了。

(3) 科学提问法。通过提问能让学员集中注意力,因为谁也不愿意当众回答错误,尤其是回答一个不太难的问题,所以通过提问的方式能有效地集中学员的注意力并达到控场的效果。但是,需要注意几个要点:①所提的问题是有关于正在进行的话题的,太突兀的问题虽然会引起大家的注意,但是会把大家搞蒙。②问题不要太难,要便于学员回答。③不要紧盯着学员回答,这样会给他们造成紧迫感。

(4) 身体靠近法。当我们在授课时,发现有个别学员开小差,比如发短信、说话、接电话、瞌睡,我们可以一边讲课,一边慢慢地靠近目标学员,直到他重新把注意力放回课堂上。需注意的重点是:①走路速度不要太快,不要直接冲向目标学员,而是缓慢地、若无其事地靠近他。②声音不变。保持正常的速度边讲边走,慢慢地靠近目标学员。③不要紧盯目标学员,要让大家感觉我们是在给所有人讲课,而不是只给某个学员讲课。当我们靠近的时候,开小差的学员通常会主动恢复到正常听课状态,这样无声的提醒会让学员感觉受尊重,逐渐被我们所吸引。

(5) 转移话题法。当我们讲到某个话题时,场面可能会出现无法收场的情况,此时我们应该立即转移话题,将学员的注意力拉回到正常状态。

(6) 形式转换法。形式主要是指教学方法,意思是说当我们用了一种教学方法时间过长时,会让学员有疲惫感,这时我们就要赶紧转换形式,用更能集中学员注意力的教学方法来进行授课。

(7) 紧急停止法。这是针对课程现场出现异常,比如设施设备的异常或者是人员纠纷等,我们应该立即采取紧急停止措施,并安抚大家稍做休息,等待下一步动作。不能自己先惊慌失措或者参与纠纷,而要顾全大局,维护场面秩序。

以上为课程开始后,我们在教学过程中可以采取的灵活控场的七个方法,加上课程开始前的三个方法,共有十个方法可以起到灵活控场的作用,希望能对大家有所帮助。

第 12 章　问答力的提升

在培训的过程中,问答是不可避免会存在的,或者说没有"问答"的课程是不完整的课程。"师者,所以传道授业解惑也","解惑"即通过问答的方式解开学员的疑惑。但是问答环节又是最挑战培训师专业度的,稍微处理不当就有可能影响整个课程的效果,所以在课程保障"Assure"板块中,我们需要提升的第三种能力为问答力。

12.1　问答不当的典型表现

在培训过程中,问答不当主要表现在五个方面:

(1) 课程未设置问答环节。这是指培训师在进行课程设计时,未将问答环节考虑其中,如此会导致两种情况的出现:一种情况,在授课的过程中,学员有问题想寻求解答,因为培训师没有提前留出问答时间而占用了课程的时间,影响了整个课程的时间控制,甚至导致课程有头无尾或内容缺失;另一种情况,由于培训师未设置问答环节,课程结束就散场,学员可能存在疑惑却没有机会提问或课上的提问未能得到解答,从而影响了整个课程的质量及培训师的专业度。

(2) 所提的问题设计不当。这是指培训师在培训的过程中,通过提问法与学员进行问答互动或课程回顾,但是由于提问设计不当,例如问题太难或太抽象,而使学员不知道如何回答或不敢回答,从而造成冷场。

(3) 不能合理地回答问题。这是指在培训的过程中,学员提出问题,作为培训师不能及时回答或者正确回答,抑或是不能友好地回答,这些都被称为不合理。在这种情况下,培训师的专业度将大打折扣,并受到质疑。

(4) 问答过程中场面失控。这是指培训师在跟学员进行问答的过程中,由于提问或回答的不合理引起学员起哄,情况严重时场面失控,造成不可收拾的局面。

(5) 问答过后无鼓励措施。这是指培训师在问答的过程中,对于学员的互动未加以鼓励或赞许,渐渐让学员丧失了互动问答的积极性,让课堂变得沉闷乏味,从而很难达到预期的培训效果。反之,培训师对学员的互动问答进行了相应的鼓励措施,即使只是一句感谢的话,也会让学员感觉很受重视,很有成就感,从而更愿意参与到课堂当中,这样培训的效果也会更好。

以上五种情况为典型的问答不当的表现,作为优秀的培训师,要避免这些情况出现在自己的课堂中。

12.2 机智问答的四个原则

在培训过程中,问答包括两个部分,第一个部分为老师问,学员答;另一个部分为学员问,老师答。无论哪个部分,培训师都需要机智应对。机智问答有以下四个原则:

(1) 专注主题。在问答环节中,无论是问还是答,我们作为培训师必须遵守的第一个原则是专注于主题,任何偏离主题的问答,即便再精彩对课程也是没有帮助的。

(2) 掌握主动。在问答环节中,作为培训师一定要掌握主动权,不能被学员牵着鼻子走,一方面因为培训时间有限,不能让学员随意拉长时间;另一方面,掌握主动更有利于建立培训师的专业形象。

(3) 保持友好。在问答环节中，无论学员有什么样的情绪，作为培训师一定要遵守的一个原则就是保持友好、面带微笑，这样才能做到为人师表。

(4) 控制时间。问答环节的时间弹性非常大，特别是当学员积极性高时，争先发言、提问等情况将更加一发不可收拾。这种情况对调节课程气氛来讲是有利的，但是对于整个课程的完整性来讲却会面临一个挑战，那就是时间够不够用，所以我们在进行课程设计时，一定要充分考虑到这一点，将问答的时间控制在我们提前设置的范围内。

以上即为机智问答的四个原则，掌握了这些原则，在问答环节中基本就不会出现特别大的问题，具体如何机智地提问及回答详见下节。

12.3 如何机智地提问

12.3.1 提问的种类

关于课程的问答环节，培训师们应该先学会如何机智地提问，所提的问题一般情况下都是根据课程主题提前设计出来的，分为两种类型。

(1) 即时提问。比如当讲完某个环节或某个知识点，即将进入下一个环节或下一个知识点前，可以针对前面的内容进行提问，我们称为即时提问。

(2) 总结提问。在整个课程即将结束的时候，专门安排时间集中向学员提问，我们称为总结提问。

12.3.2 问题的安排方法

无论是以上哪种类型的提问，我们都可以采取以下五种方法来进行问题安排，包括：提前告诉法、问题卡片法、故意遗漏法、准备学员法和自己设问法。

(1) 提前告诉法。比如我们在开始授课时就告诉学员："今天我们安排了一个提问环节，放在课程的最后 15 分钟，希望大家认真听课，答案都会在我们的课程内容中。”

(2) 问题卡片法。比如我们可以告诉大家:“今天我们安排了一个提问环节,放在今天课程的最后15分钟。现在请我们的助教老师把问题卡片发给大家,大家可以先根据课程内容进行思考。”此法需要注意的是:①问题一定要围绕主题;②问题不要太难,要便于学员回答;③要设置典型的问题,即大家共同关心的话题。

(3) 故意遗漏法。比如当讲到某个内容的时候,我们先不详细展开,只做提示,告诉学员后面会作为问题来进行解答。

(4) 准备学员法。这是在培训师对课程还未驾轻就熟的时候使用,即我们可以提前私下找几个积极的学员,告诉他们在课程的最后环节需要他们配合一下来回答问题。用这种方法一定要注意找对人,比如在休息的时候,我们主动和支持者学员进行交流,建立良好关系,然后有意询问他们觉得前面的课程内容如何,是否有收获。通常,在私底下大家更愿意主动交流。所以,此时支持者学员会告知有哪些收获,这时我们就可以说:“嗯,很好,你的悟性很高,学习精神值得点赞,这样,待会我会专门设计一个提问环节,针对刚刚你回答的这个知识点提个问题,到时候请你把刚刚说的再复述一遍可以吗?我想这样能帮到很多其他同学。”一般情况下,作为支持者学员是会积极配合我们的。

(5) 自己设问法。我们可以提前设计一些自问自答的问题,以便于在问答环节时间不充裕时使用。

12.3.3 问题内容设计的注意事项

针对问题内容的设计,我们有几个注意事项:

(1) 尽量是让对方说“Yes”的内容。一般情况下属于封闭型问题,比如:销售订单是不是很难拿到啊?想不想学一些方法来帮助自己更快地拿到订单呢?想不想花两个小时来学会这种方法呢?对此我们得到的回答一般都是“Yes”。

(2) 将心理行为暗示放入问题内容中。比如“接下来的十分钟对大家来说非常重要,所以我先提几个问题来跟大家探讨一下,可以吗?”对此,学员一般会给出肯定回答,并认真参与问答环节。

(3) 将“假如与假设”放入问题内容中。比如“假如你是案例中的这个经理,你会怎么做呢?”“假设你碰到这种情况,你该如何处理呢?”此举的目的是打破学员自我保护机制,让他们更能说出自己心中的想法。

(4) 在提问题前有打预防针的内容。比如“这个课程,大家会很辛苦,因为你们不仅烧脑,还要费体力,过程中我们有很多参与环节、互动环节、提问环节,尤其是提问环节,可能需要大家更多的参与和付出……”此举的目的是为了让学员提前做好心理准备,不排斥回答问题。

(5) 在提问题时有给出合理理由的内容。比如“我们为什么会探讨这一类问题呢? 因为……,所以大家一定要重视。”此举的目的是为了让学员更加重视提问环节,确保问答环节的内容质量。

(6) 合理运用 ORID 促动法进行内容设计。ORID 是一种促动技术,它可帮助人们思考问题,提升提问力(图 12-1)。ORID 分为四个层面:①数据层面(Objective):关于事实和外部现实的问题。提问举例:你看到、听到、读到、学到了什么? ②体验层面(Reflective):立即唤起个人对数据反应等的问题,这是一种内在的反应,有时是情感或感受,隐藏的想象或与事实的联想。无论何时,当我们遇到外部的现实冲击(数据或客观事实),都在经历内在的心理反应。提问举例:对于以上内容,你的感觉或感受是什么? ③理解层面(Interpretive):挖掘出意义、价值、重要性和含义的问题。提问举例:对于前述内容,你从中有什么启发呢? ④决定层面(Decisional):引出决定,使对话结束,让人们能够对未来做出决定的问题。提问举例:对于这个情况,你会采取什么行动呢? 通过以上四个层面的问题,能让我们从学员的感知、反应、判断、决定角度将培训的理论知识引导到学员的实际行动中,是一种非常有效的提问方法。

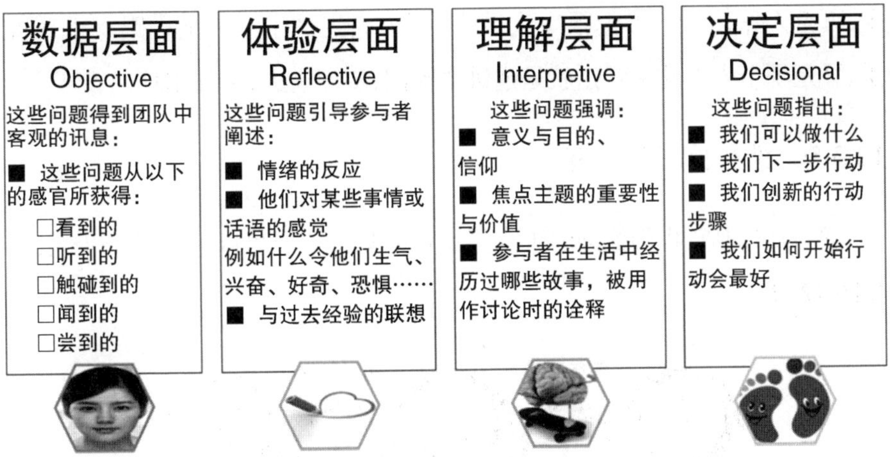

图 12-1　ORID 促动法

12.3.4　机智提问的方式

有了提问的内容，我们再来看看提问的方式有哪些？一般来说有直接式、情景式、递进式三种，分别举例如下。

(1) 直接式提问(用 5W2H 直接提问)

What：你在招聘中，经常遇到什么问题？

Which：面试的哪个环节让你觉得最困难？

Where：针对不同的面试者，你会选择哪些面试措施？

Who：在面试什么人时，你感觉最困难？

Why：为什么你在面试高级应聘者时会感到困难？

How：你在面试高级应聘者时有哪些方法？

How much：一般需要面试几轮？

(2) 情景式提问(即将问题植入到情景中)

比如假设你是营销人员小李，第一次与客户王经理见面，你该如何寒暄；假设你是客户王经理，你又该如何应对小李的寒暄？

(3) 递进式提问

所谓递进式提问即一环套一环的提问，层层递进。比如上司跟下属握手，哪个人先伸手？男士跟女士握手，哪个人先伸手？男上司跟女下属握手，又是哪个人先伸手？这就是递进式提问，层层递进、环环相扣。

12.3.5 机智提问的步骤

作为培训师，我们提问的步骤是怎样的呢？一般可以分为五个步骤，详见图 12-2。

图 12-2 机智提问的步骤

通过图 12-2，我们可以看出，要经历提出问题、等待回答、聆听回答、确认答案、鼓励回应五个步骤，特别值得注意的是第五个步骤“鼓励回应”，我们针对回答问题的学员一定要用鼓励性的语言和动作结尾，哪怕学员的回答并不在点子上。那么，哪些是鼓励性的语言和动作，哪些是非鼓励性的语言和动作，详见图 12-3。

非鼓励性	鼓励性
语言： ·“你回答错了” ·“你没有讲清楚” ·“这个话题跟课程内容无关” 非语言： ·转移目光 ·身体后仰	语言： ·“回答得很好” ·“你说的这点很重要” ·“谁还有相同的感受” 非语言： ·保持目光交流 ·身体靠近并点头

图 12-3 非鼓励性与鼓励性对比

通过鼓励性的语言和动作，一方面能让学员感受到尊重，更加愿意参与到问答环节中来，另一方面能体现出培训师为人师表的魅力。

在一次“高效沟通”课程接近尾声时，培训师进行总结性提问如下：

培训师：这位学员，在今天我们所学的“高效沟通”课程中，高效沟通的灵魂是什么?

(话筒递出，并说“请回答!”)

学员:老师,高效沟通的灵魂是“同理心”。因为我们在沟通的过程中不能只考虑自己想说什么,而要先考虑对方想听什么,或者说对方喜欢什么样的沟通方式 。

培训师:嗯,这位学员回答得非常正确,没错,我们不要用自己喜欢的方式去对待别人,而要用别人喜欢的方式去对待他。

培训师:好,请坐,让我们用掌声感谢这位学员的回答。非常棒! 课程知识吸收得非常好。

以上这个例子完全符合机智提问的五个步骤,即提出问题、等待回答、聆听回答、确认答案和鼓励回应。

12.4 如何机智地答疑

在课程的问答环节中,不仅存在“老师问,学员答”,而且存在“学员问,老师答”的情况。相对来说,“学员问,老师答”对于培训师的要求更高一些,因为我们无法预测学员会问什么样的问题,这就不仅要求我们本身专业功底深厚,而且能够在现场做到随机应变。所以本节我们一起来探讨一下如何机智地回答学员所提出的问题。

12.4.1 机智答疑的步骤

针对学员所提的问题,我们回答的步骤可以参考图 12-4。

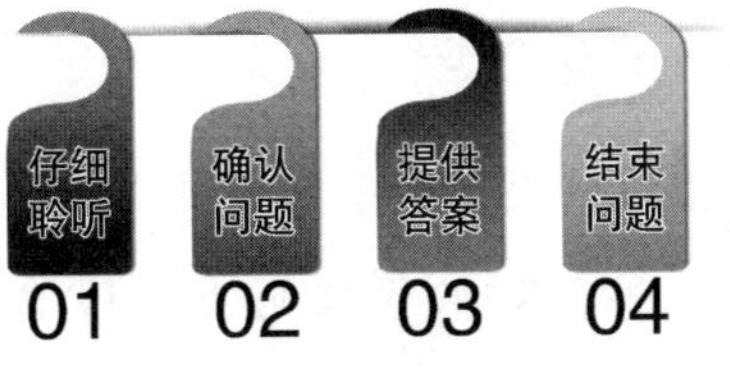

图 12-4 机智答疑的四步骤

通过图 12-4,我们可以看出,机智答疑总共为四步骤:仔细聆听、确认问题、提供答案、结束问题。

【案例】

在一次"九型人格与职业发展"课程中,学员提了一个问题,培训师的答疑过程如下:

学员:老师,您好,根据您刚刚发的"九型人格"测试题,我测出来的主性格为 3 号成就型,您觉得我从事哪个岗位更适合呢?(仔细聆听)

培训师:这个问题提得很好,你测出来是 3 号成就型,想知道自己从事哪个岗位更合适是吗?(确认问题)

学员:是的,老师。

培训师:3 号成就型是一个非常有魅力的性格类型,目标感强、效率高,无论从事任何岗位都能驾驭,如果硬要说哪个最合适,因为成就型性格的人喜欢跟人打交道,而且也喜欢竞争和挑战,所以在营销部门最能发挥出你的优势。(提供答案)

学员:哦,好的,谢谢老师。

培训师:好,不客气。非常棒!这位学员学得很认真,并且学有所思,行动力很强,我们把掌声送给他。(结束问题)

以上这个案例安全符合机智答疑的四步骤。

12.4.2 特殊情况下机智答疑的策略

在答疑环节中,正常的与主题相关的问题都好处理,我们只要根据以上四个步骤来进行回答即可,对于特殊情况下如何应对我给出了九个不同策略的相关案例,以供大家学习。

(1) 专业质疑

学员:老师,你刚刚讲得不对,管理明明是科学,怎么能是艺术呢?你看,我们用的管理流程、管理工具,都是以科学为依据的。

培训师:嗯,这位学员是说管理是科学对吗?因为我们用的管理流程、管理工具等都是以科学为依据的。

学员:老师,是的,管理是科学,不是艺术。

培训师:这位学员讲得非常好!没错,在管理当中,针对事物的管理,我们的确要用很多科学的方法,但是针对人员的管理,我们却不是能用什么公式、工具能解决的,因为每个个体都是不一样的。我们需要根据他们的特性去采取不一样的管理形式、沟通方式,所以我们将这部分的管理称之为"艺术"。综合看来,管理既是科学,也是艺术,关键是看管理对象是什么。

学员:哦,原来是这样,老师,我明白了。谢谢您。

培训师:好的,不客气。非常棒啊!针对课程内容进行了思考,我们将掌声送给这位伙伴。

应对策略:针对专业质疑的学员,尽量先赞同学员的观点,然后将二者并列起来,并再次强调自己的观点。

(2) 高手挑战

学员:老师,你刚刚讲错了,我做了那么多大客户,解决方案根本就不重要,重要的是跟客户的关系。

培训师:嗯,这位学员一看就是位经验丰富的业务员,您刚刚讲的是在大客户营销的过程中,关系大于方案对吗?

学员:没错,我们在做业务的过程中,方案就是个形式。

培训师:嗯,看来这位学员的营销水平是很高的。的确,如果我们将客户关系做到了彼此信任和依赖的状态下,方案就不那么重要了,但这需要长时间感情的建立及信任的积累。对于很多营销新手来说,在方案中体现出公司的专业度和产品的价值感还是非常必要的,您认为呢?

学员:嗯,老师说得也有道理。

培训师:好的,掌声送给这位资深的营销高手,非常感谢!

应对策略：针对高手挑战，我们要不攻击、不争辩、不放弃，用事实或案例去支撑自己的专业观点，并引导对方以获得认同。

(3) 故意找碴

学员：老师，你说大部分人看重职业发展，只有一小部分人看重薪酬，我觉得应该每个人都看重薪酬，而不是一小部分。

培训师：看来这位学员是非常看重薪酬的，因为薪酬是生活的基本嘛，可以理解，如果您对这个主题感兴趣，我们课程结束后可以好好讨论一下，我也很想了解你独到的见解，但是现在，咱们的主题是职业发展，所以，我们先不讨论薪酬了，继续我们的主题可以吗？

学员：第一种反应：哦，好的。（结束找碴）

第二种反应：不，我就想表达薪酬更重要。（继续找碴）

培训师：看来这位伙伴对薪酬的话题非常感兴趣，我想问一下大家，我们今天是不是要更换主题，愿意换主题的请举手。（这时一般都会很少有人举手）

培训师：好，看来大家都不愿意更换主题，那我们继续今天的主题，但还是要把掌声送给这位学员。

应对策略：针对学员故意捣乱，抓住一个地方不松口，非要争个输赢时，可以借助外力(其他学员或培训组织方)来解决。

(4) 敏感问题

学员：老师，听说我们最近要进行薪酬制度的调整。

培训师：哦，你是指贵司的薪酬吗？

学员：是的。

培训师：这个具体情况我不太清楚，但是请大家相信，就算是调整也是为大家着想，会更加合理的。

学员：哦，好的。

应对策略：针对敏感问题，我们不要给具体结论，不要传递负面信息，直接绕开话题即可。

(5) 多个问题

学员：老师，我有几个问题想要请教您一下……

培训师：谢谢这位学员的提问，我想看看大家对哪个问题最感兴趣，我们就现在回答，至于剩下的问题，我们培训过后再交流可以吗？

学员：好的。

培训师：针对刚刚你提的几个问题，大家最感兴趣的是如何去辨别沟通对象的类型。我们有很多种方法可以用，比如 DISC 法、PDP 法、九型人格法。其中，九型人格法最为全面，今天时间有限无法一一给大家讲解，建议大家买一本《九型人格》先看一下。或者下次我们专门找个机会来一起探讨一下，可以吗？

学员：好的，谢谢老师。

应对策略：当学员提出多个问题时，我们尽量不要一一回答，因为要考虑其他学员的感受，所以可以借助其他学员挑出最感兴趣的问题给予回答即可。

(6) 连续提问

学员：老师，我还有问题要请教您。

培训师：好的，我现在回答你的第三个问题，也是最后一个问题，我们把机会留给其他伙伴，至于你的其他问题，等我们课程结束后再交流。大家说，可以吗？(可以)

学员：哦，好的。不好意思了，我想问一下如何克服临场紧张，我发现我每次一上台就紧张得不得了。

培训师：哦，临场紧张是正常现象，老师也会紧张，不过我们有方法可以克服，在今天上午的“课程展示”板块中我们讲解了克服临场紧张的十二大方法，建议你可以回去尝试一下，总之要多练习。俗话说：Practice makes perfect.加油！

应对策略：当学员连续提出多个问题时，我们要充分考虑其他学员的感受，不可以只将机会给他一个人，所以要合理控制，照顾全局。

(7) 不知答案

学员：老师，关于在人力资源领域中，都要学习哪些法律知识，能请教您一下吗？

培训师：这位学员非常棒，你是指与人资相关的法律知识吗？

学员：是的。

培训师：第一种答法：看来这位学员很有法律意识，但是老师平时只研究人力资源管理，在这块还真知道得不够全面，今天在座的都是资深的人力资源管理者，有哪位伙伴来贡献一下智慧。（借力答法）

第二种答法：看来这位学员对这个话题很感兴趣，现在我们主要探讨关于人才的管理，课后我们再进一步探讨可以吗？（转移话题答法，课后查阅过相关资料或询问过专业人士后再给予答复。）

应对策略：面对自己不知道答案的问题，我们不要慌，也不要装作知道胡乱回答，可以采取借力或转移话题的方法来进行处理。记住：人不是万能的，有未知的知识点是很正常的，当然主题范围内的内容准备得越充分越好。

(8) 问不对题

学员：老师，我有一个问题，这个问题一直困扰着我，让我百思不得其解，今天非常高兴能认识老师，我相信这个问题能够迎刃而解了，真的很高兴。我在工作中遇到很多问题……学员处于一个紧张又兴奋的状态，一直说个不停，却丝毫未进入正题，我们该如何处理呢？

错误做法：

“这位同学，你到底想问什么问题？不好意思，大家都在等着呢，我们需要提高效率。”

正确做法：

学员：我在工作中遇到很多问题……

培训师：嗯，好的，那您现在最想问的问题是？

学员：我现在最想问的问题吗？

培训师：是的，针对我们今天上的"高效沟通"课程，您最想提的问题是什么？

学员：哦，关于沟通方面啊，我本来想提的是关于如何激励和授权的问题，这是我目前遇到的最大困惑。

培训师：激励和授权方面的问题吗？这是一个很好的关于管理方面的问题，但是范围很大，在我们后续的关于"如何激励和授权"的课程中会给大家详细讲解，那么针对我们今天探讨的沟通方面，您还有其他的问题吗？

学员：暂时没有。

培训师：好的，看来你学习得非常好。好，让我们将掌声送给这位伙伴。

应对策略：面对学员提出与培训主题不相符的问题时，我们要避免出现烦躁情绪，且不能直接回绝，而是要友好地提示并将他拉回到本次培训主题中，询问是否有问题要提，如果有则进行合理解答，如果没有也要表示感谢。

(9) 影响节奏

影响节奏的问题，主要是指学员积极性很高，提出了很多问题，在课程中又没有办法一一回答，因为一旦全部回答将影响课程的节奏，导致有些课程内容没有时间讲授，从而影响培训效果。为了避免这种情况的发生，我们可以采取以下方法来解决：

① 设置问题篮。在课程中设置一个专门放置学员问题的器皿，可以是篮子，也可以是箱子等。让学员把想问的问题都写下来投到里面，等到课程结束后挑选大家都较为感兴趣的问题进行解答。

② 填写问题清单。准备一张问题清单表，让学员把想问的问题填写在

上面，等到课程结束后挑选大家都较为感兴趣的问题进行解答。

③ 设置问题漂流瓶。让学员把想问的问题放在漂流瓶里，各组间按照一定的规则进行漂流，漂到哪个组或哪个学员，他们根据所学内容在课间解答即可。如果有解答不清楚的地方可以再请教培训师，培训师安排合适的时间进行解答。

以上为机智答疑的四大步骤以及应对各种特殊情况时的回答策略，希望能够帮到大家，让大家的课堂更加精彩。

参 考 文 献

[1] [美]威廉・莫尔顿・马斯顿.常人之情绪(DISC 理论原型)[M].李海峰,肖琦,郭强,译.北京:电子工业出版社,2018.

[2] PDP 性格测试[EB/OL]. https://baike.baidu.com/item/pdp%E6%80%A7%E6%A0%BC%E6%B5%8B%E8%AF%95.

[3] 九型人格测试[EB/OL].[2011-08-19].https://www.douban.com/group/topic/21822087/.

[4] 段烨. 培训师的 21 项技能修炼[M]. 北京:北京大学出版社,2011.

[5] [美]德鲁克. 管理的实践[M].齐若兰,译. 北京:机械工业出版社,2006.

[6] William Moulton Marston . Emotions of Normal People[M].Taylor & Francis Ltd,1999.

[7] [美]海伦・帕尔默.九型人格[M].徐扬,译.北京:华夏出版社,2006.

[8] [美]马斯洛.人类动机的理论[M].许金声,等译.北京:中国人民大学出版社,2007.

[9] 周子淳,史芳岳. 要做 CEO 先做培训师[M]. 上海:上海交通大学出版社,2016.

[10] 段泓冰. 促动[M].北京:北京联合出版公司,2015.

附录 A　九型人格简易测试题

□ 1. 我很容易迷惑。

□ 2. 我不想成为一个喜欢批评别人的人，但很难做到。

□ 3. 我喜欢研究宇宙的原理和哲理问题。

□ 4. 我很注意自己是否年轻，因为那是找乐子的本钱。

□ 5. 我喜欢独立且自信，一切靠自己。

□ 6. 当我有困难时，我会试着不让旁人知晓。

□ 7. 被人误解对我而言是一件十分痛苦的事情。

□ 8. 施比受会给我更大的满足感。

□ 9. 我常常会设想最糟糕的结果，而使自己陷入苦恼中。

□ 10. 我常常试探或考验朋友、伴侣的忠诚。

□ 11. 我看不起那些软弱的人，有时我会用种种方式羞辱他们。

□ 12. 身体上的舒适对我而言非常重要。

□ 13. 我能触碰生活中的悲伤与不幸。

□ 14. 别人不能完成他自己的分内事，这会让我失望和愤怒。

□ 15. 我时常拖延问题，不去解决。

□ 16. 我喜欢充满戏剧性且多姿多彩的生活。

□ 17. 我认为自己非常不完美。

□ 18. 我对感官的需求特别强烈，喜欢美食、服装、身体的触觉刺激，并纵情享乐。

□ 19. 当别人请教我一些问题时，我会巨细无遗分析得很清楚。

□ 20. 我习惯推销自己，并且从不觉得难为情。

□ 21. 有时我会放纵自己，做一些出格的事情。

□ 22. 帮助不了别人会让我觉得很痛苦。

□ 23. 我不喜欢人家问我广泛、笼统的问题。

□ 24. 在某些方面我有放纵的倾向(例如食物、药物等)。

□ 25. 我宁愿适应别人，包括我的伴侣，也不会反抗他们。

□ 26. 我最不喜欢虚伪。

□ 27. 我知错能改，但由于执着好强，周围的人还是会感到有压力。

□ 28. 我常觉得很多事情都很好玩、很有趣，人生真是快乐。

□ 29. 我有时很欣赏自己充满自信，有时却又优柔寡断，依赖别人。

□ 30. 我习惯付出多于接受。

□ 31. 面对威胁时，我有时焦虑，有时会对抗迎面而来的危险。

□ 32. 我通常是等别人来接近我，而不是我主动去接近他们。

□ 33. 我喜欢当主角，希望得到大家的关注。

□ 34. 别人批评我，我不会回应和辩解，因为我不想发生任何争执与冲突。

□ 35. 我有时期待别人的指导，有时却忽略别人的忠告，坚持去做我想做的事。

□ 36. 我经常忘记自己的需求。

□ 37. 在重大危机中，我通常能克服对自己的质疑和内心的焦虑。

□ 38. 我是一个天生的推销员，说服别人对我来说是一件轻松的事情。

□ 39. 我不相信一个我一直都无法了解的人。

□ 40. 我爱依惯例行事，不太喜欢改变。

□ 41. 我很在乎家人，在家中表现得忠诚和包容。

□ 42. 我被动且优柔寡断。

☐ 43. 我很包容且彬彬有礼,但跟别人互动不多。

☐ 44. 我沉默寡言,好像不太会关心别人似的。

☐ 45. 当沉浸在工作或擅长的领域时,别人会觉得我冷酷无情。

☐ 46. 我常常保持警觉。

☐ 47. 我喜欢那种对人要尽义务的感觉。

☐ 48. 如果不能完美地表达,我宁愿不说。

☐ 49. 我列的计划比我实际完成的要多。

☐ 50. 我喜欢挑战和登上高峰的感觉。

☐ 51. 我倾向于独断专行,自己解决问题。

☐ 52. 我很多时候会感到被遗弃。

☐ 53. 我常常表现出十分忧郁的样子,充满痛苦且内向。

☐ 54. 初见陌生人时,我会表现得冷漠、高傲。

☐ 55. 我的面部表情严肃,态度生硬。

☐ 56. 我很飘忽,常常不知道自己下一刻想要什么。

☐ 57. 我常对自己很挑剔,期望不断改正自己的缺点,成为一个完美的人。

☐ 58. 我对情绪感受特别深刻,并怀疑那些总是很快乐的人。

☐ 59. 我做事有效率,也会找捷径,模仿力很强。

☐ 60. 我讲理,重实用。

☐ 61. 我有很强的创造天分和想象力,喜欢将事情重新整合。

☐ 62. 我不要求得到很多的关注。

☐ 63. 我喜欢每件事情都井然有序,但别人会认为我过分执着。

☐ 64. 我渴望拥有完美的心灵伴侣。

☐ 65. 我常夸赞自己,对自己的能力十分有信心。

☐ 66. 如果周遭的人的行为太过分时,我会让他难堪。

☐ 67. 我外向、精力充沛,喜欢不断追求成功,这让我感觉良好。

☐ 68. 我是别人忠实的朋友和伙伴。

☐ 69. 我知道如何让别人喜欢我。

□ 70. 我很少看到别人的功劳和好处。

□ 71. 我很容易知道别人的功劳和好处。

□ 72. 我嫉妒心强,喜欢与人比较。

□ 73. 我对别人做的事总是不放心,批评一番后,自己会动手再做。

□ 74. 别人常常说我戴着面具做人。

□ 75. 有时我会激怒对方,引起莫名其妙的吵架。

□ 76. 我会极力保护我所爱的人。

□ 77. 我常常刻意保持兴奋的情绪。

□ 78. 我只喜欢与有趣的人为友,懒得与乏味之人交往,即使他们看来很有深度。

□ 79. 我常常到处帮助别人。

□ 80. 有时我会讲求效率而牺牲完美和原则。

□ 81. 我似乎不太懂得幽默,缺乏弹性。

□ 82. 我待人热情而有耐性。

□ 83. 在人群中,我时常会感到害羞和不安。

□ 84. 我喜欢效率,讨厌拖泥带水。

□ 85. 帮助别人达到快乐和成功是我的一项重要成就。

□ 86. 付出时,别人若不欣然接纳,我便会有挫折感。

□ 87. 我的肢体硬邦邦的,不习惯别人热情的付出。

□ 88. 我对大部分的社交场合不太有兴趣,除非那是我熟识和喜爱的人。

□ 89. 很多时候,我会有强烈的寂寞感。

□ 90. 人们很乐意向我诉说他们所遭遇的问题。

□ 91. 我不会说甜言蜜语,另外别人会觉得我很唠叨。

□ 92. 我常担心自由被剥夺,因此不爱做承诺。

□ 93. 我喜欢告诉别人我做的事和所知的一切。

□ 94. 我很容易认同别人为我所做的事情和所做的一切。

□ 95. 我喜欢光明正大,为此不惜与人发生冲突。

□ 96. 我很有正义感,有时会支持不利的一方。

□ 97. 我很注重小节,因此效率不高。

□ 98. 我容易感到沮丧,麻木更多于愤怒。

□ 99. 我不喜欢那些具有侵略性或过度情绪化的人。

□ 100. 我非常情绪化,喜怒哀乐多变。

□ 101. 我不想别人知道我的感受与想法,除非我主动告诉他们。

□ 102. 我喜欢刺激的生活和紧张的关系,而不是稳定的生活和依赖的关系。

□ 103. 我很少用心倾听别人的心情,只喜欢说俏皮话和笑话。

□ 104. 我是循规蹈矩的人,秩序对我十分重要。

□ 105. 我很难找到真正被爱的感觉。

□ 106. 假如我想结束一段关系,我要么直接告诉对方,要么故意激怒他使他主动离开我。

□ 107. 我温和平静,不自夸,不爱与人竞争。

□ 108. 我有时善良可爱,有时粗野暴躁,情绪很难捉摸。

表 A-1　九型人格测试结果统计表

题号	记号	勾选	题号	记号	勾选	题号	记号	勾选	题号	记号	勾选	题号	记号	勾选	题号	记号	勾选
第 1 题	9		第 21 题	7		第 41 题	9		第 61 题	4		第 81 题	1		第 101 题	5	
第 2 题	1		第 22 题	2		第 42 题	5		第 62 题	9		第 82 题	2		第 102 题	1	
第 3 题	5		第 23 题	5		第 43 题	5		第 63 题	1		第 83 题	5		第 103 题	7	
第 4 题	7		第 24 题	8		第 44 题	8		第 64 题	4		第 84 题	8		第 104 题	1	
第 5 题	8		第 25 题	9		第 45 题	6		第 65 题	3		第 85 题	2		第 105 题	4	
第 6 题	2		第 26 题	6		第 46 题	6		第 66 题	8		第 86 题	2		第 106 题	1	
第 7 题	4		第 27 题	8		第 47 题	5		第 67 题	3		第 87 题	1		第 107 题	9	
第 8 题	2		第 28 题	7		第 48 题	5		第 68 题	6		第 88 题	5		第 108 题	9	
第 9 题	6		第 29 题	6		第 49 题	7		第 69 题	2		第 89 题	2		统计数据		
第 10 题	6		第 30 题	2		第 50 题	8		第 70 题	3		第 90 题	2				
第 11 题	8		第 31 题	6		第 51 题	5		第 71 题	2		第 91 题	1		1 号记号	个数	
第 12 题	9		第 32 题	5		第 52 题	4		第 72 题	3		第 92 题	7		2 号记号	个数	
第 13 题	4		第 33 题	3		第 53 题	4		第 73 题	1		第 93 题	3		3 号记号	个数	
第 14 题	1		第 34 题	9		第 54 题	4		第 74 题	3		第 94 题	9		4 号记号	个数	
第 15 题	9		第 35 题	6		第 55 题	1		第 75 题	6		第 95 题	8		5 号记号	个数	
第 16 题	7		第 36 题	9		第 56 题	4		第 76 题	8		第 96 题	8		6 号记号	个数	
第 17 题	4		第 37 题	6		第 57 题	1		第 77 题	3		第 97 题	1		7 号记号	个数	
第 18 题	7		第 38 题	3		第 58 题	4		第 78 题	7		第 98 题	9		8 号记号	个数	
第 19 题	5		第 39 题	9		第 59 题	3		第 79 题	2		第 99 题	5		9 号记号	个数	
第 20 题	3		第 40 题	8		第 60 题	1		第 80 题	3		第 100 题	4		个数最高记号：		

附录 B　导师能量贴

B.1　习惯养成监督表

当我们暂时没想好自己的个人品牌定位，也无法用 GROWING 模型进行职业规划的时候，不妨先从培养一个好习惯开始。

俗话说："要想让一件事情真正变成你的能力，那就先把它变成你的习惯。"只有习惯成自然，才能做到"手中无剑，心中有剑"。好习惯如何才能养成呢？一般来说坚持 21 天重复做某件事，这件事就会成为我们的习惯。比如，我们要想成为一名卓越的培训师，必须要养成每天阅读的习惯，于是我们就可以用"习惯养成监督表"来监督自己，帮助自己养成习惯。习惯养成监督示例表见表 B-1。

表 B-1　习惯养成监督表(示例)

习惯养成人：×××

培训习惯	每天阅读的习惯									
习惯描述	每天阅读人力资源管理相关书籍，时长 1 小时，时间点不限									
习惯养成监督	×月×日	×月×日	×月×日	×月×日	×月×日	×月×日	×月×日	×月×日	×月×日	×月×日
	×月×日	×月×日	×月×日	×月×日	×月×日	×月×日	×月×日	×月×日	×月×日	×月×日
	×月×日	×月×日	×月×日	×月×日	×月×日	×月×日	×月×日	×月×日	×月×日	×月×日
备注	1. 填制时间：每天晚上 10 点前填制此表。 2. 填制方法：当日完成，即在当日的日期栏内涂上绿色；当日未完成，次日补完成的涂上蓝色；当日任务未完成，亦未补充成的涂上红色。 3. 评测标准：在规定时间内，无红色色块且绿色块 90%及以上，即可视为习惯养成									

在表 B-1 中，我们用 30 天的时间来进行监督，以确保一个好习惯的养成。根据表 B-1 的监督情况，我自己实践时准时完成率为 93.3%，补完成率为 6.7%，总完成率达到了 100%，如此一轮下来，每天阅读的好习惯就养成了，但后续仍要坚持、巩固。

B.2 学习总结

学习总结既是对学习效果的一种检查，也是帮助养成自律学习习惯的一种有效方法。作为准培训师，在自我成长方面和教授学员方面都可以用到学习总结。比如在我的“EMN\ETC 卓越导师 100 天成长营”课程中布置给每位学员的任务之一就是学习并完成个人的学习总结，以此来检验学员对课程内容的掌握情况及在实际工作中的运用情况。图 B-1 是其中一名优秀学员的学习总结。

EMN | ETC 成就梦想 成就你我

学习结果测评及行动方案

培训内容：开营与习惯养成　培训时间：2018 年 5 月 31 日

部门：______ 姓名：林正春 职务：学员 张贴时间：______年__月 __日

一、在本次培训中，我都学习到了什么？印象最深刻的是什么？

1. 持续高效学习改变命运。老师用自己亲身经历向我们传授了学习的重要性。

2. 卓越培训师的成功之道，即 Comprehend 培训悟道、Design 课程开发、Presentation 课程展示和 Assure 课程保障，这是老师十余年的经验总结，为我们的顺利成长指明了方向。

印象最为深刻的是老师对“道”与“术”的阐述。任何实物必须遵守“道”，即它的规律，只有先掌握规律，后掌握方法，才能成功。同时，培训师的培养也是一个“博观而约取，厚积而薄发”的过程。

二、通过本次培训，给我的感觉或感受是？让我联想到了自身哪些方面表现不错？哪些方面还需要优化？

1. 天道酬勤。龙老师用自己的勤奋和坚持不懈地努力，赢得了人生一个又一个 Milestone.

2. 人外有人，天外有天。自己认识的大咖中，原先十分敬佩 30 岁时做到我们CEO 的那位，现在回想，其跟随领导而发迹的经历与老师相形见绌，待人处事尤显。

3. 控制力不够。自己遇事显得还不够沉着冷静，往往在事后才能想到刚才不应该这么做，而应该心平气和地沟通和分析。自己的言行无时无刻不在影响着部门的形象和下属的工作心态。

EMN | ETC 成就梦想 成就你我

三、我认为本次培训对我的工作有哪些帮助？

1. 时间运用启发。龙老师管理三家企业，在外培训上课，同时还运营着 EMN/ETC 平台，还有著书、英语学习、读博等。

时间运营效率值得我去深学，如何提高个人的时间效率。

2. 老师说的龟兔赛跑，4 个版本，6 月 2 日给部门员工培训时引用，重点说了 V3 和 V4，我个人还自创了 V5。

四、通过本次培训，我想让自己变得更加优秀，制定行动计划如下：

1. 日事日闭。每日学习内容，当日利用零碎时间完成，不找借口。

2. 工作中要求平行部门配合工作时，多用“这对您很重要，因为……”，少用“要求”和部门的权力。

3. 每日读书和笔记。享受阅读带来的静心，同时在专业能力上不断进步。

监督检查：ETC 大龙老师 / 部门 文员

自罚承诺：骑车 10 公里

林老师：

您好！

学习总结及行动方案已阅，这是一份高质量的学习总结，从“心动”到“行动”到“新动”都做到了，特别是我用红色标出的部分，非常棒！为您点大大的赞！期待未来一路同行，预祝 100 天成长营能够顺利结业，争优创先。一起加油！

龙凤铭于 2018 年 6 月 3 日星期日

图 B-1 学习总结范例

以上的学习总结仅供参考，我们平时在自我学习之后可以使用，也可以让参加培训的学员在学习完相关的课程后使用，上述学习总结范例中的内容、格式可以修改或优化，但是必须要有总结这个过程，如此才能让学习更加有效，对所学的知识掌握得更牢固。

B.3　培训需求调查表

以下是我常用的一款通用版“培训需求调查表”，如表 B-2 所列，仅供大家参考，若要细化到某个领域的培训，建议针对该培训主题多增加一些调查内容。

表 B-2　培训需求调查表(通用版)

填制目的	了解参训企业的具体情况，以便于为培训企业制订个性化的解决方案，因材施教	说明表格的重要性
参训企业		
需求调查内容		
一、参训企业背影介绍		
1. 企业简介		企业背景的了解
2. 参训团队的工作流程		参训团队背景了解
3. 参训团队的绩效考核方式		培训效果考核方法
4. 对本次培训的期望		培训目标的调查

（续表）

二、参训团队比较独特的地方	
三、参训学员对本次培训的基本态度是：	
赞成　　反对　　无所谓	
四、参训学员以前是否参加过类似培训，若参加过请填写以下3点内容	
1. 参加时间	
2. 培训主题	
3. 参加人数	
五、参训学员喜欢的培训方式是：	
讲解式　　训练式　　活动式　　案例分析式	
六、学员状况（统计）	
1. 学员人数：	男　人；女　人
2. 学历：	本科以下　人；本科　人；本科以上　人
3. 年龄：	30岁以下　人；30～40岁　人；41～50岁　人；50岁以上　人
4. 工作年限：	5年以下　人；5～10年　人；10年以上　人
5. 工作经验：	5年以下　人；5～10年　人；10年以上　人
（请如实填写参加本次培训学员的基本情况）	

特殊背景的了解

学员态度的了解

培训背景的了解

学员背景的了解

B.4 课件制作相关工具介绍

为了让课件更加美观，能更有助于学员学习、掌握课程内容，培训师要不断地提升自己的“审美力”。在本书第6章中已经针对如何提升审美力做了详细介绍，本节中我会给大家介绍几个课件制作相关工具。

(1) 觅知网

觅知网里有海量的PPT模板素材,我们可以根据培训课程的背景、培训企业的企业色、学员类型、自我喜好等进行相应的选择并下载模板,下载后稍做优化即可用于课件制作。除了觅知网外,还有无忧PPT网、昵图网、第一课件网、PPT宝藏网等都提供了大量的PPT模板,但是其中的模板素材有些是可免费下载的,有些则是收费的。不过在使用PPT模板时要注意对其自带的音乐背景、自动播放模式、切换模式、动画效果等重新编辑,以免在课程展示时与需求不匹配。

(2) 冰点文库

冰点文库是一款用于下载网络分享文档的下载软件。用户使用冰点文库无须积分就可以自由下载百度、mbalib、豆丁、畅享、道客巴巴、max.book118中的文档,当我们在上述平台中看到有适合自己学习的课件时,也可以非常方便地下载下来进行学习。

(3) 狸窝全能视频转换器

狸窝全能视频转换器主要用于视频文件的剪辑和合并。比如我们在上"领导力"课程时要借用电视剧《亮剑》里的某个片段作为课程内容,此时就可以用狸窝全能视频转换器来进行剪辑,剪辑过后通过"插入视频"或"超级链接"的方式放入课件中。当然,还有很多软件也同样具备这个功能,比如暴风影音、Windows自带的Movie Maker、Adobe公司的Premiere、会声会影等,大家可以选择适合自己操作习惯的软件来使用。

B.5 培训师现场授课十宝

假如我们明天就要站上讲台给学员授课了,今天该做点什么呢?除了睡眠充足(保证第二天精神饱满)、忌吃辛辣(避免第二天嗓子出问题)外,我们还不要忘了准备"培训师现场授课十宝",详见图B-2。

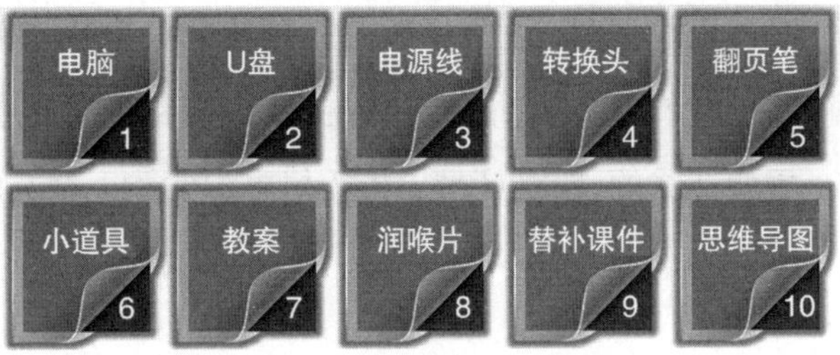

图 B-2　培训师现场授课十宝

(1) 电脑

重要性:电脑是培训师的必备物件,当我们外出培训时不管培训组织方是否有准备电脑,我们都要准备一台自己的电脑,目的有三个:第一,避免我们的资料在别的电脑上不兼容,导致无法正常授课:第二,如果培训机构准备的电脑出现异常时,我们自己的电脑可以备用;第三,避免自己版权课件的泄露。(注:我一般准备两台电脑,以最大限度地避免异常情况的发生。)

注意细节:要提前对电脑进行检查,包括课件的演示是否正常、课件中需要的播放软件是否都安装或升级到最新版、音频及视频资料是否已在电脑中做“超级链接”、电脑的电量是否充足、电量不充足的情况下是否有带充电器等。总之,带上自己的电脑,这些情况都在培训师个人的掌控之中,能最大限度地避免异常情况的产生。

(2) U 盘

重要性:U 盘的主要功能是对自己的课件进行保存,一般在电脑上无课件资料或课件资料出现异常时使用,U 盘具有携带方便的特点。(注:我一般携带 1 个 U 盘加邮箱备份一份课件。)

注意细节:U 盘要注意收放,如果受到挤压或其他外力冲击时可能会影响其正常使用。另外,现在很多老师会使用移动软件、云盘或 App 来实现课件保存,达到 U 盘一样的效果也是非常不错的,不过一定要注意是在安全的状态下。

(3) 电源线

重要性:这里的电源线主要是指电脑的电源线和手机的电源线。电脑和手机，我们一般很难忘记携带，但是电源线则不然。而电脑与手机不同，一般很难临时找到适配型号的电源线。（注：我一般带两根电脑电源线，一根标准式的、一根便捷式的，同时还带一根手机电源线和一个充电宝。）

注意细节：电脑的电源线分量较重且占地方，如果能买到便携式的电源携带就最好了。

（4）转换头

重要性：转换头的作用是连接电脑与投影仪，从目前市场上的投影仪来看，通常有三种连接方式：第一种是普通连接口，口比较大，长约 1.5 厘米，宽 0.8厘米；第二种是高清连接口，口比较小，长约 1.5 厘米，宽 0.4 厘米；第三种是蓝牙或无线连接（不普遍，便携式的投影仪较多使用此方法）。每一种品牌和型号的电脑连接口也不一样，有的只能连普通接口，有的只能连高清接口，有的只能通过转换头连接。所以转换头就成了必备的工具。（注：我一般带两个转换头，一个为苹果电脑的专用转换头，一个为高清转普通的转换头。）

注意细节：可以提前跟培训组织方确认一下投影仪的转换头，然后携带合适的转换头即可，不过，保险起见带一个备用为好，特别是使用苹果电脑的培训师，更需要带专用的转换头。

（5）翻页笔

重要性：翻页笔又称电子教鞭，用于我们授课时对 PPT 课件进行遥控指挥，达到站立讲课、挥洒自如的目的。（注：我一般带两支翻页笔及两节备用电池。）

注意细节：使用前要熟练掌握翻页笔的操作细节，同时要检查其是否完好，操作是否灵敏，续电量是否足够，备用电池有无携带等。由于翻页笔对培训师授课非常重要，所以建议一定要随身携带两支，并准备好备用电池，以防异常情况出现。

（6）小道具

重要性：小道具用于在课堂中与学员的互动，比如课程破冰、分组讨论法、角色扮演法、现场演练法、案例演练法等都需要用到小道具。(注:我的课程准备包中通常会携带很多小道具,如分组用的扑克或名言卡、破冰用的表格、鼓励用的点赞贴等。)

注意细节:根据自己的教案对小道具进行准备,特别是案例演练、角色扮演用的道具,由于不常用,所以比较容易忘记携带,一定要在课前仔细做好点检,对于通用版的道具,课程准备包中可以常备一些,以备不时之需。

(7) 教案

重要性:教案是培训师进行授课的详细流程和计划,是对整个课程的管理,所以非常重要,特别对于新晋培训师而言,教案是必须要有的,一方面可以通过教案来控制时间;另一方面避免不熟悉课程造成尴尬。(注:我每堂课必备教案,即便是熟练的课程内容也会准备,因为由于培训企业和学员背景的不同,教案的撰写都会有不同之处。)

注意细节:教案的制作一定要考虑全面,这样才能环环相扣、分配合理。

(8) 润喉片

重要性:润喉片是用来保护嗓子的,当讲完了一天的课程之后,喉咙会干涩发痒,除了多喝水之外,含一片润喉片会得到缓解,起到保护嗓子的作用。特别是连续上几天课的情况下更要注意保护嗓子。

注意细节:选择效果较好的润喉片,但也不能过度依赖。

(9) 替补课件

重要性:替补课件通常在课程时间预估有偏差时使用。比如课程时间是六小时,但我们准备的课件内容只够讲五个半小时,还有半个小时该怎么办?当然不能冷场,所以此时如果准备了替补课件,立马就可以用上了,当然用的时候要有技巧,我们可以表现出对学员的关心,说是为了奖励他们认真学习的态度而决定多传授他们一些知识,这样自然而然地就能引出替补课件。又比如课程时间是六小时,但是上了半天之后,发现我们准备的课件内容会远远超过六小时,课程内容讲不完怎么办?当然不能缺失内容,因为一旦授课内容不完整则满足不了客户的需求,所以可以用另一份精减版的替补课件来作为后续课程使用。(注:我的电脑和U盘里有大量不同时长的替补课件,都是以备不时之需时使用。)

注意细节:替补课件一定要与课程主题息息相关。可以在开场时打一些伏笔,比如说:大家好好学习,如果今天时间充足的情况下,我还会教大家一些实战技巧,这个平时我是不讲的,当然,这需要我们大家的共同努力,因为大家越认真,课程进行得越顺畅,就越有可能提前结束我们的理论课程部分,我们就有时间来共同探讨在实际中如何去运用这部分内容了。(这是在时间可能会多余的情况下的基本话术。)又比如:由于时间有限,只有一天的时间来探讨关于××主题,按常规来说我们这个主题需要两至三天的时间才能探讨得深入、彻底。所以,我会根据大家的学习状况对里面的重点内容做一些挑选来讲。(这是在时间可能会不够用的情况下使用的基本话术。)

(10) 思维导图

重要性:思维导图是指整个课程的体系和框架,有利于培训师对整个课程的掌控,如果在上每一堂课之前都能完整、准确地画出思维导图,这堂课就成功了一半。同时,思维导图还有另一个作用,如果培训设备设施出现异常,导致无法使用电脑授课时,思维导图将是最好的授课法宝。

注意细节:思维导图的绘制很考验培训师的专业性,基本条件是逻辑清晰,在逻辑清晰的基础上用最形象化的标识或图片将自己要讲的课程内容连接在一起,即形成了思维导图。思维导图一定要自己画得出来,并且非常熟练,同时要练习书写白板。在导图的逻辑性强、手书美观的情况下,培训师在学员心目中的形象会变得更好,给人一种十分专业的感觉。

以上是培训师现场授课十宝的所有内容,希望大家能够在授课前仔细做好点检工作,以保证课程的顺利开展,提升自身的专业形象。

B.6 培训师教案参考范本

为了确保一堂课的顺利进行,教案是必不可少的,尤其是对于新晋培训师来说更加需要重视。有的培训师习惯用 WORD 做文字版教案，有的培训师习惯用手书笔记做教案，有的培训师习惯用 EXCEL 表格做教案等。总之都是为了达到同一个目的：课程一切尽在掌握之中。下面我将自己常用的表格教案范本分享给大家，如表 B-3 所列。

表 B-3　表格教案范本

培训时间：2017 年 9 月 1 日（5H，300M）
培训项目：TTT 培训
学员需求：授课经验、授课技巧、吸引听众的要点
课程策略：TTT-CDPA 系统中重点讲 P、A 两部分，多给予实战操作方法

课程结构	教学内容	PPT页数	预计时长（分钟）	实际时长（分钟）	教学方法	备注	
课前部分	优美开场演示	3	15		故事法、引经据典法、引起好奇法	1	P4
	课题介绍（主题破冰）	9	25		提问教学法、引经据典法、思维导图法		P13
	学员、老师、课程破冰	7	30		分组法、互动游戏法、普通讲述法		
课中部分	C-培训悟道	3	5				
	上午课间休息	0	5		茶歇		
	D-课程开发	17	20		普通讲述法、案例分析法	1	P18
	P-课程展示-1	27	30		普通讲述法、现场演练法、视频教学法		
	下午暖场游戏	0	15		体验游戏法		
	P-课程展示范-2	36	40		普通讲述法、案例分析法、现场演练法		P64 演讲力
	下午课间休息	0	10		茶歇		
	P-课程展示	39	45		普通讲述法、案例分析法、资料阅读法		P103 教学力
	A-课程保障	38	45		普通讲述法、案例分析法、现场演练法	1	P39
课后部分	课后总结	2	10		提问教学法、口决记忆法	1	
	实战促动	2	15		促动技术法、现场演练法	2	
	奖惩兑现		5				
考核部分	效果考核				试卷考核、现场考核		
道具准备	破冰工具、视频资料、音频资料、大白纸、“优美开场练习表”“教学方法匹配表”“科学结尾练习表”“教学准备点检表”“ORID 表”等						
项目结果							
项目总结							

根据客户需求所制定策略

培训的基本信息

课程流程服从课前、课中、课后

课程内容使用的实际时长，便于优化

每一时间点的课程内容安排

每部分课程内容所使用的教学方法

课程内容的PPT页数及预计时长

每部分课程内容结束的PPT页码

课程所使用道具备注栏，以便于准备

课程项目结果及成功失败总结，以便于后期精益求精。

B.7 培训师课前工作事项检查表

培训师在上课前一定要做课前工作事项检查，而且一定要假设培训的组织方对组织培训这一事务并不擅长，所以尽可能更全面地罗列出培训所需的设施、设备、物资、物料、资料等。下面我将自己常用的“课前工作事项检查表”分享给大家，如表 B-4 所列。

此表既可以作为培训师课前自我点检使用，也可以发给培训组织方让他们确认对培训组织的准备工作考虑得是否全面，以确保后续培训课程的顺利进行。

B.8 如何进行课程管理

对于课程管理，一般来说是由培训组织者负责的，作为培训师只负责现场授课即可，但是一个既懂现场授课又懂课程管理的培训师将会更受欢迎。

在培训的过程中 ，我们经常会看到一些课程管理不到位的情况：比如课程时间安排不合理，包括起始时间和中途休息时间；培训场地选择不合理，要么太大，要么太小，要么有噪声干扰；教学辅助设施准备不够或没有提前调试，现场出现异常；后勤辅助不够，交通、住宿安排不周到，进而影响老师和学员的上课状态等。以上种种都是课程管理不到位时会出现的常见状况，除此之外还有很多状况在此就不一一罗列了。

作为培训组织者和培训师，该如何去进行课程管理呢？我们可以从培训前、培训中、培训后三个环节来进行管理，每一个环节需要做的工作是不一样的，详见图 B-3。

通过图 B-3，我们发现培训管理有很多工作要做。其实，要做好这些工作难度并不大，关键是我们是否关注和重视它们了。在此，我选择两个重点内容来跟大家交流一下工作方法。

表 B-4 课前工作事项检查(范例)

活动课程名称:营销培训 活动讲师:×××老师 活动地点:苏州吴江 活动日期:2018 年 5 月 8 日

序号	设备或其他资料	使用		提供来源				数量	负责部门	完成日期	初审人	测试日期	复核人	审核日期
		是	否	客户提供	租用	外购	内部提供							
1	导视牌													
2	电子滚动屏													
3	讲义		√					N/A	N/A	N/A	N/A	N/A	N/A	N/A
4	条幅													
5	主持人	√		√				1						
6	场地布置	√		√				1						
7	投影仪及调试	√		√				1						
8	话筒及调试	√		√				1						
9	音响及调试	√		√				1						
10	大白板	√		√				1						
11	压纸磁条	√		√				若干						
12	大白板(A1)	√		√				18						
13	白板笔	√		√				10						
14	延伸插座	√		√				1						
15	电池	√		√				若干						
16	普通水笔	√		√				若干						
17	便签	√		√				若干						
18	空白 A4 纸	√		√				若干						
19	瓶装纯净水													
20	咖啡													
21	茶点													
22	参加学员名录信息													
23	签到表/台													
24	座位牌													
25	需要预定酒店的外地学员名单													
26	本次培训微信群二维码													
27	学员证书													
28	电脑	√					√	1	龙老师	7-May	龙	7-May	龙	7-May
29	U 盘	√					√	1	龙老师	7-May	龙	7-May	龙	7-May
30	电源电脑线	√					√	1	龙老师	7-May	龙	7-May	龙	7-May
31	激光翻页笔	√					√	1	龙老师	7-May	龙	7-May	龙	7-May
32	电脑转换头	√					√	1	龙老师	7-May	龙	7-May	龙	7-May
33	讲师海报易拉宝		√				N/A	N/A	N/A	N/A	N/A	N/A	N/A	N/A
34	书籍《成就营销梦想》	√					1	2	龙老师	7-May	龙	7-May	龙	7-May
35	破冰游戏道具表		√				N/A	N/A	N/A	N/A	N/A	N/A	N/A	N/A
36	沙盘道具包		√				N/A	N/A	N/A	N/A	N/A	N/A	N/A	N/A
37	3 张记账表格		√				N/A	N/A	N/A	N/A	N/A	N/A	N/A	N/A
38	角色登记表格		√				N/A	N/A	N/A	N/A	N/A	N/A	N/A	N/A
39	沙盘做帽子的原材料		√				N/A	N/A	N/A	N/A	N/A	N/A	N/A	N/A

其他要求:
1. 教学的场地最好可以分组,课桌以岛屿式摆放为佳。
2. 学员最好有桌牌,无桌牌的情况下烦请准备 A4 纸,我带领他们现场制作。

菜单栏(注意里面的子项、负责人、审核级别)

设施、设备、物资、物料、资料

针对每次培训需要客户或培训组织方提供的标黄,以便于对方查阅并重视

其他特殊要求可在这里提出

培训前	培训中	培训后
(1) 培训需求评估 (2) 课程设计及确定 (3) 培训讲师及参训人员确定 (4) 与讲师确认培训时间 (5) 培训场地预定，讲师道具、教材、场地布置 (6) 讲师食宿安排（外训） (7) 发布开课通知 (8) 收集学员信息	(1) 设备调试正常 (2) 学员签到，电话告知确保出勤。 (3) 讲师提前到位 (4) 课程主持或讲师助理开场 (5) 培训过程跟踪： · 培训过程记录 · 课程突发状态应对 · 课程结束前进行效果评估或测试 · 结束致稿，整理场地	(1) 采用柯式四级评估法对课程进行评估： · 一级：反应层评估 · 二级：学习层评估 · 三级：行为层评估 · 四级：结果层评估 (2) 培训结束一周内发布培训报告 (3) 收集学员及讲师反馈以改进和优化下次课程

图 B-3　课程管理

第一个重点内容为:“培训前”环节中的第五项提及的培训场地预定、布置。这项工作非常重要,因为它决定了培训是否能顺利开展,具体的操作注意细节如下:

(1) 培训室的形状:培训室通常是长方形、正方形和圆形三种,最好的是长方形。

(2) 培训室的面积:培训室的面积大小需根据课程的类型来选择,讲座型的培训场地面积最好是人均 1.2 平方米左右;训练型的培训场地面积最好是人均 2 平方米左右,最多不要超过人均 2.5 平方米。培训室高度在4.5米左右。

(3) 培训室的光线:一是自然光要充足,给人舒适的感觉;二是灯光要调试好,尤其是讲台位置,既要防止灯光太亮而看不清投影布的内容,又要防止灯光太暗而看不到培训师。

(4) 培训室的温度:一般夏天温度不低于 18 ℃,冬天温度不高于 26 ℃。

(5) 课桌摆放形式参考表 B-5 所列。

(6) 讲台的位置:如果培训室是长方形的,讲台就在窄的那一方,同时要注意门的位置,讲台最好不要在门的旁边。

(7) 讲桌的布置:①讲桌的桌面要低于培训师的肩部,最好在腹部和胸部之间;②用课桌作为讲桌时,最好装饰一下,显得正式一点;③讲桌的摆放位置在黄金分割点,所谓黄金分割点就是接近讲台中间的位置,但不要在讲

表 B-5 课桌摆放形式适配情况

课桌摆放形式	适用主题	培训形式	人数	备注
传统教学式	知识型	讲授式、讲座式	50 人以上	公开课、讲座
小组式	技能型	训练式、研讨式	50 人以内	训练式课程居多
圆桌式	知识型	研讨式	30 人以内	会议居多
U 形桌式	知识型	讲授式、研讨式	30 人以内	会议、讲座

台的正中间位置即可；④讲桌的距离要能满足培训师不仅能自然地关注到每一位学员，而且能够控制住全场。

(8) 白板的布置：①白板的高度要合适，白板上沿与培训师站立时的头部高度一样是最舒适的高度；②白板和投影布最好分别位于讲台的两侧，比如投影仪如果在左边，白板最好在右边；③白板和讲台最好靠近，这样避免培训师不必要的走动；④如果投影在中间，讲桌和白板就靠近其中的一边即可；⑤如果投影仪放在其中一边，讲台和白板就放在另一边。

第二个重点内容为："培训后"环节中的第一项采用柯氏四级评估法①对课程进行评估。这项工作也非常重要，因为好的课程必须要产生效果并达到学以致用的目标，柯氏四级评估法正是一级一级地递进上升来促成学以致用的效果的，如图 B-4 所示。

图 B-4 柯氏四级评估

(图片来源：http://tupian.baike.com/a2_57_10_21300542490413139643101717372_jpg.html.)

根据图 B-4 我们可以看出，随着时间的推移，我们要将培训内容从"知"推向"行"，分别有反应评估、学习评估、行为评估、效果评估四个等级。

① 柯氏四级培训评估模式（Kirkpatrick Model）由国际著名学者威斯康星大学（Wisconsin University）教授唐纳德·L.柯克帕特里克（Donald.L.KIrkpatrick）于 1959 年提出，是世界上应用最广泛的培训评估工具，在培训评估领域具有难以撼动的地位。

(1) 第一级:反应评估

反应评估有两个方面:一个方面是指参与培训的学员对该次培训安排的反应,即培训参与态度评估;另一个方面是指参与培训的学员对该次培训效果的反应,也叫培训满意度评估。

针对培训参与态度的评估,评估者是培训组织者,通过表格或其他文件形式来考核培训学员的出勤率、互动率等,这样的评估有助于掌握学员的学习态度,有利于后期的引导和优化。针对培训满意度的评估,评估者是培训学员,学员对整个培训做出一个自身反应的评估,评估的内容包括培训师、培训内容、培训组织等,这样的评估有助于被评估者用于改善今后的工作。

设计"反应评估"的指导原则:①现场评估效果最佳;②设计成表格量化评估;③设计标准问题;④鼓励学员积极参与;⑤评估内容包括开放性问题和封闭性问题;⑥评估结果便于总结及运用。

常见形式:"培训签到表""学员积分榜""培训效果评估表"。

(2) 第二级:学习评估

学习评估又称掌握评估,是指对所学知识掌握情况的评估,一般是由培训师或培训主管对学员进行的一种评估。

设计"学习评估"的指导原则:①确定要评估的内容(一般包括知识、态度和技能三方面)。②保证评估题型的多样性。③最好有比较:培训前后的比较,也称纵向比较;培训过与没有培训过之间的比较,也称横向比较。④评估结果要具有实用性。

常用形式:课间提问、案例探讨、培训测试卷。

(3) 第三级:行为评估

行为评估就是评估参与培训的学员在培训后个人行为是否发生了良性转变,转变越大,培训越成功;如果没有转变,说明此次培训是失败的。行为评估其实很难做到,因为需要持续地强化、监督、鼓励和奖励。那么,既然有难度,是否能做到呢?可以从以下三个角度来努力:①培训内容的系统性;②良好的培训氛围和学习文化;③系统地、循序渐进地组织培训。

常用形式：建立学习群、随时组织头脑风暴、培训师随时答疑。

需要注意的是，此类评估非培训师一己之力能完成，需要培训的组织方及接受培训的单位共同协作。

(4) 第四级：效果评估

效果评估也称效益评估，是指培训结束后，评估此次培训给企业带来多少价值，也可以理解为“培训投资回报率”，这是四级评估中最难的一步。可以采取的方法有：①与绩效考核挂钩；②内外培训相结合；③建立学习型组织。

需要注意的是，此类评估必须得到接受培训的单位的大力支持，并且接受培训的单位必须将培训列为战略目标才能实现。

以上是如何进行课程管理的三个环节以及每个环节中所要关注和重视的事项，同时我还重点给大家分享了两个内容：①培训场地预定、布置；②采用柯氏四级评估法对课程进行评估，希望这些能对大家有所帮助。

B.9 互动常用方法之促动技术案例解析

在本书 10.4 节“精彩互动的原则、策略及十六大方法”中，我们介绍了促动技术法既是一种互动方法，也是互动的最高等级第七级，互动性非常明显也非常受学员欢迎，而且培训效果显著。促动技术有很多种，大家可以通过阅读相关书籍学习，也可以参加相应的促动技术培训班提升这方面的技能，这会对我们的培训工作起到锦上添花，甚至雪中送炭的作用。

为了让大家对促动技术有一个初步的了解，下面我给大家举一个案例：利用“团队共创”促动技术帮助一家幼教集团找到“阻碍家长选择我们的原因可能有哪些？”以此而找到解决问题的方向。

团队共创是一种使团队能够迅速达成共识的促动技术，它遵循人类大脑的自然思维过程，通过挖掘以及综合代表各种观点的人们的聪明才智，形成创新的、可行的决策和计划。团队共创遵循标准的流程，如图 B-5 所示。

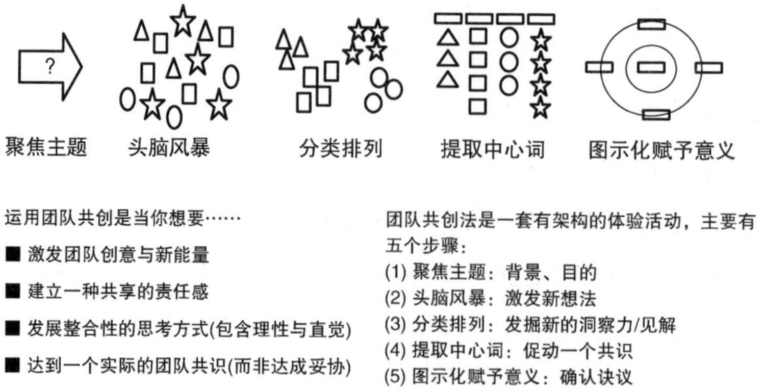

图 B-5 促动技术之“团队共创”流程

在本案例中，参与培训的人员都为幼教集团下各分校的校长，在采取此互动前，我先将他们分成了五个组，并将每个组的成员进行了职务安排，包括组长、记录员、计时员、汇报员(促动技术中特有的，因为互动性特别强，所以需要一定的规则要求、时间要求)，分好组及安排好各自的职务后就可以严格遵守图 B-5 中的五个步骤来实施了。

(1) 第一步：聚焦主题

本次的主题是通过与幼教集团的董事长共同沟通后确定的，即“阻碍家长选择我们的原因可能有哪些?”这是其中的一种方法，我们可以拿出已经商定好的主题来进行探讨，另一种方法则是让参与培训的学员共同探讨，提出各自的主题，最后投票决策出一个最值得探讨的主题。

(2) 第二步：头脑风暴

引导所有成员针对“阻碍家长选择我们的原因可能有哪些?”这一主题进行头脑风暴。首先，每个成员各自写出自己的想法。其次，成员间相互分享自己的想法并借力写出更多的想法。最后，成员们一起挑选其中的共性原因。

(3) 第三步：分类排列

我将成员们挑选出的共性原因搜集起来后，带领他们一起进行分类排列，总结成几大类，每一类纵向排列，从而一目了然。

(4) 第四步:提取中心词

我和成员们一起对每一类原因进行总结,并提取出中心词,如图 B-6 所示。

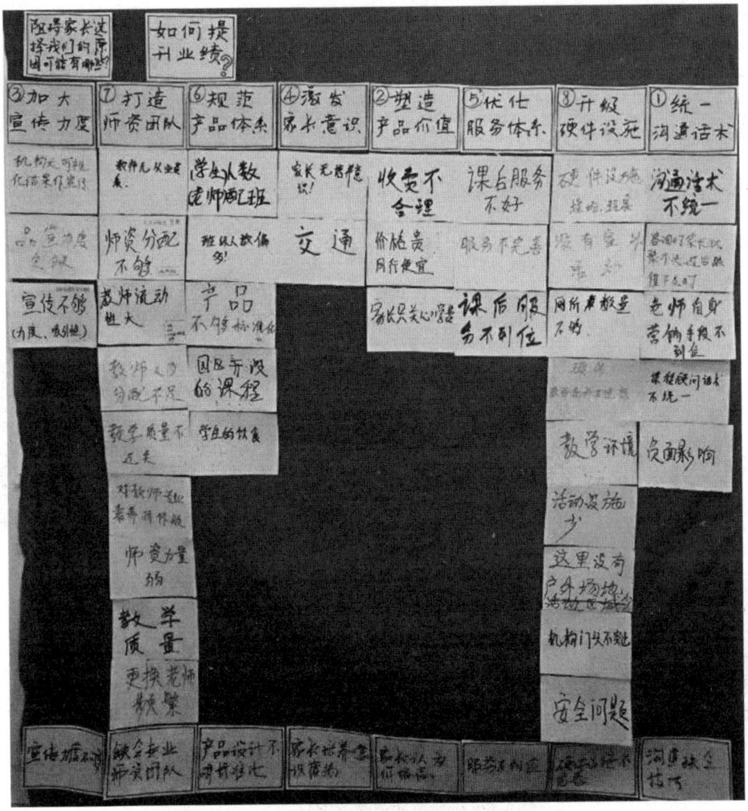

图 B-6 “团队共创”授课现场

通过图 B-6,我们可以看出阻碍家长选择该幼教集团的原因有:①宣传力度不够;②缺乏专业的师资团队;③产品设计不够标准化;④家长培养意识薄弱;⑤家长认为价格高;⑥服务不到位;⑦硬件设施不完善;⑧沟通缺乏技巧。

通过这些原因,我们就可以找到解决方向,对应如下:

① 加大宣传力度 —— 针对宣传力度不够的原因;

② 打造师资团队 —— 针对缺乏专业师资团队的原因;

③ 规范产品体系 —— 针对产品设计不够标准化的原因;

④ 激发家长意识 —— 针对家长培养意识薄弱的原因;

⑤ 塑造产品价值 —— 针对家长认为价格高的原因；

⑥ 优化服务体系 —— 针对服务不到位的原因；

⑦ 升级硬件设施 —— 针对硬件设施不完善的原因；

⑧ 统一沟通话术 —— 针对沟通缺乏技巧的原因。

(5) 第五步:图示化赋予意义

最后一个步骤是将第四步的成果用图示化的方式展现出来,每个小组的成员一起共同构思、共同绘画、共同总结表述的语言,主要目的是加深培训成果在学员心目中的印象(图 B-7)。

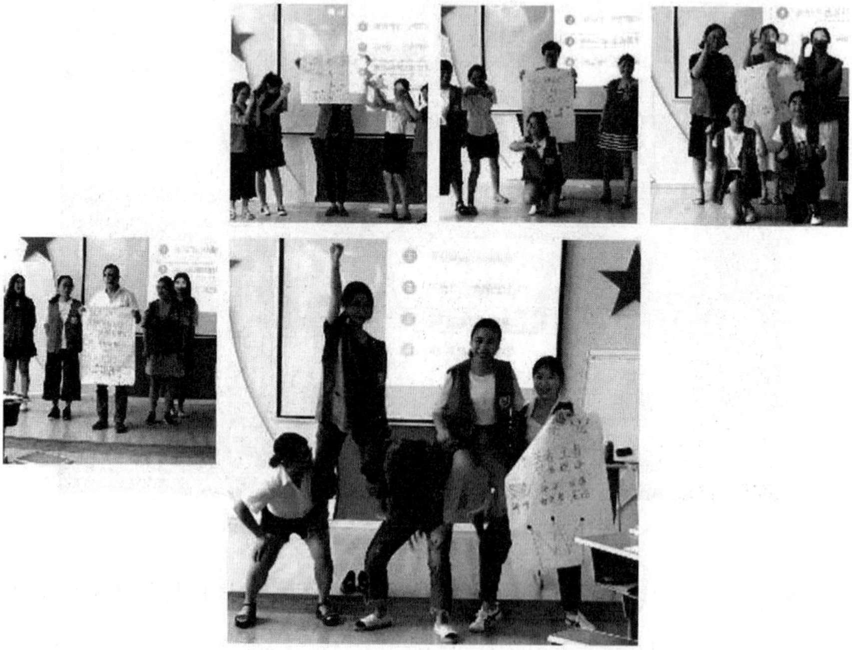

图 B-7 "团队共创"授课现场成果展示

这就是"团队共创"促动技术,通过成员们的集体智慧来共同探讨出解决方向。此方法不仅切实有效,而且能得到全体团队成员的集体维护,最关键的是整个过程中成员参加度非常高,一直在互动和思想碰撞。

促动技术就是这么有魅力,有趣、有效、有料,期待大家能去学习它、掌握它、运用它。

致　谢

此书的撰写历时半年,感恩各位老师及伙伴们的关注与支持,同时也特别感恩段烨老师所著的《培训师的21项技能修炼》给我的启迪与借鉴。通过学习和实践,并结合我平时在教育培训工作中的所学、所用、所悟进行了系统化整理。“不足而知学,学而知不足”,直至此书临近出版时,我深知还有很多需要精进之处,希望各位读者多多指点。然后,我们一起学习、一起奔跑、一起探讨、一起精进。

特别感恩大家选择了此书并阅读到了最后一页,您的出现让我在学习的路上不再孤单,感恩一路相伴,期待一路同行。

以下是我的联系方式,期待读者的好消息。

邮箱:LFM@cn-eminent.com,873978736@qq.com

龙凤铭

2019年10月于上海